AF435886

Arturo Franco

HABLAN LOS ARQUITECTOS
¿Una Escuela de Madrid?

Franco, Arturo

   Hablan los arquitectos : ¿una escuela de Madrid? / Arturo Franco. - 1a ed . -
   Ciudad Autónoma de Buenos Aires : Diseño, 2017.
   226 p. ; 21 × 15 cm. - (Textos de arquitectura y diseño)

   ISBN 978-987-4160-18-8

   1. Arquitectura. 2. Historia de la Arquitectura. 3. Investigación. I. Título.
   CDD 720.9

Textos de Arquitectura y Diseño

Director de la Colección: Marcelo Camerlo, Arquitecto

Diseño de Tapa: Liliana Foguelman

Diseño gráfico: Karina Di Pace

Foto de tapa: Modesto López Otero inaugurando el edificio actual de la ETSAM
Bravo Sanfelíu, Pascual; Edificios para la enseñanza; 1943

Hecho el depósito que marca la ley 11.723

I.S.B.N. 978-987-4160-18-8

Mayo de 2017

Arturo Franco

HABLAN LOS ARQUITECTOS
¿Una Escuela de Madrid?

diseño

HABLAN LOS ARQUITECTOS

¿Una Escuela de Madrid?

Índice

INTRODUCCIÓN

C. de Miguel   M. Fisac   F. Chueca   L. Moya

– Óigame: ¿qué es eso de Sesiones de Crítica de Arquitectura?

– Nada importante, no se asuste. Un grupo de arquitectos nos reunimos amigablemente en Madrid para charlar sobre temas de Arquitectura...Ya nos damos cuenta de nuestras limitaciones, y no pretendemos dogmatizar. Pero a los arquitectos españoles quizá les puedan interesar estas sencillas opiniones de algunos de sus compañeros. No hay que impresionarse por la palabra impresa, que no porque esté impresa adquiere en este caso mayor trascendencia: se imprimen estas palabras en tanto que son portadoras de ideas, no con carácter de valor notarial.[1]

No podría haber encontrado mejor comienzo, o más al hilo del tono deseado para este trabajo.

Durante el mes de octubre de 1950 tiene lugar la primera de muchas tertulias entre compañeros celebradas en Madrid y publicadas después en la Revista Nacional de Arquitectura en aquella década. Las Sesiones de Crítica de Arquitectura comenzaron con estas irónicas

[1] "Edificio de la O.N.U. visto por arquitectos españoles. Sesiones de Crítica de Arquitectura. Sede permanente de la O.N.U. en Nueva York". Revista Nacional de Arquitectura 109, enero 1951. Extraído de: ESTEBAN MALUENDA, Ana; "¿Modernidad o tradición? El papel de la RNA y el BDGA en el debate sobre las tendencias estilísticas de la arquitectura española", en: *II Congreso Internacional 'Historia de la arquitectura moderna española': Los años 50: La arquitectura española y su compromiso con la historia* (Pamplona, 16 y 17 de marzo de 2000), Escuela Técnica Superior de Arquitectura de la Universidad de Navarra, p. 241.

palabras presumiblemente pronunciadas por Carlos de Miguel. Y digo presumiblemente puesto que en la entradilla de la sección aparecen sin firmar en la revista que él dirigía. De Miguel, director de RNA y posterior revista Arquitectura, inició, junto a Miguel Fisac, Fernando Chueca y Luis Moya estos debates temáticos en los que participarían los más destacados arquitectos españoles de los años 50. Algunos de los titulados antes del 36 se enfrentaban a la nueva visión renovadora de las primeras generaciones de posguerra. Este trabajo no trata de centrarse en un análisis pormenorizado de aquellas intervenciones, ni en la desaparición paulatina de los ecos de la generación del 25,[2] tan importantes, por otro lado, para entender el cambio de rumbo definitivo de la arquitectura española. Simplemente rescata la actitud de estos encuentros. Recomiendo repasar atentamente los trabajos de Ana Esteban Maluenda al respecto para completar la información en torno a este período a través de las publicaciones de arquitectura.[3]

50 años después, y con aquel mismo espíritu, nace este compendio que reúne de manera organizada el pensamiento de más de 100 arquitectos de Madrid. Arquitectos que leyeron, escucharon y aprendieron de aquellos. Incluso algunos de los que aquí opinan llegaron a ser protagonistas directos de aquel cambio sirviéndonos de incuestionable hilo conductor.

[2] Término acuñado por Carlos Flores en su *Arquitectura Española Contemporánea I, 1880-1950*, Aguilar, Madrid, 1989, pp. 145-177.

[3] Textos principales de Ana Esteban sobre el tema: ESTEBAN MALUENDA, Ana; "La modernidad importada. Madrid 1949-1968: cauces de difusión de la arquitectura extranjera". Tesis doctoral. Madrid, Universidad Politécnica de Madrid, 2008. ESTEBAN MALUENDA, Ana; "¿Modernidad o tradición? El papel de la RNA y el BDGA en el debate sobre las tendencias estilísticas de la arquitectura española". En: *II Congreso Internacional 'Historia de la arquitectura moderna española': Los años 50: La arquitectura española y su compromiso con la historia*, (Pamplona, 16 y 17 de marzo de 2000). ESTEBAN MALUENDA, Ana; "La difusión de la arquitectura moderna en España a través de sus revistas especializadas. Los casos alemán e italiano", en: *IV Congreso Internacional 'Historia de la arquitectura moderna española': Modelos alemanes e italianos para España en los años de la postguerra*, 25 y 26 de marzo de 2004, Pamplona (España). ESTEBAN MALUENDA, Ana; "Tradición *versus* tecnología: un debate tibio en las revistas españolas", en: *III Congreso Internacional 'Historia de la arquitectura moderna española': Arquitectura, ciudad e ideología antiurbana"*, Pamplona, 14 y 15 de marzo de 2002.

En su introducción al libro *Arquitectura Española Contemporánea I* [4], en la edición de 1988 y refiriéndose a sus viajes a Barcelona durante 1954, Carlos Flores escribe sobre sus motivaciones a la hora de argumentar su compendio.

Barcelona fue también, decididamente, la confirmación de algo que, desde Madrid, habíamos empezado a vislumbrar: aquella imposible "arquitectura del imperio" –refiriéndose a la producida por la generación del 25 e incluso a la anterior que quedaba en España algo titubeante tras la contienda– *se hallaba a punto de ser abandonada y muy pronto TODOS los arquitectos españoles se incorporarían a la tarea de producir "arquitectura moderna".*

Más adelante se desnuda desvelando sus fuentes, sus aciertos, sus imprecisiones y ausencias de cara a la redacción de un libro que todavía hoy es el refente obligado de cualquier estudio sobre la arquitectura española desde 1880 hasta el año 1960.

El material para la redacción de AEC –Arquitectura Española Contemporánea– lo fui reuniendo ya durante mis últimos años de estudiante en la ETSAM, aprovechando las innumerables horas de biblioteca entre –o en lugar de– las clases. A partir de 1958, con el final de los estudios, el área de búsqueda se ampliaría a la biblioteca del COAM... –continúa más adelante– de gran ayuda, entre los numerosos libros y revistas consultados, supondrían los volúmenes de ARQUITECTURA, órgano de la Sociedad Central de Arquitectos desde 1918, editada en Madrid –Transformada en REVISTA NACIONAL DE ARQUITECTURA a partir de 1940 y de nuevo ARQUITECTURA, órgano del COAM, desde 1959– y ARQUITECTURA Y CONSTRUCCIÓN, editada en Barcelona bajo la dirección y patrocinio del arquitecto Manuel Vega y March. De entre los textos incluidos en ambas destacaría los artículos que sobre los más diversos temas escribiera don Leopoldo Torres Balbás, quien ya desde el nº 2 de la revista madrileña aceptaba y defendía –¡en 1918!– teorías vanguardistas de figuras como Le Corbusier. Sobre el tema de la arquitectura española en las últimas décadas el panorama bibliográfico resultaba –en aquel tiempo y hoy también– acusadamente restringido.

[4] FLORES, Carlos; *Arquitectura Española Contemporánea I, 1880-1950.* Aguilar, Madrid, 1989, pp. 8-11.

–Flores destaca solo tres autores que hubieran tratado previamente el tema, Juan de Závala, Bernardo Giner de los Ríos y Rodolfo Ucha[5]. Sin embargo, continúa recordando que bebió directamente de las fuentes siempre que estaban a su alcance. Algo que ha supuesto un referente para trabajar en este ensayo – *Una fuente de información extraordinaria supusieron las conversaciones mantenidas con buena*

parte de aquellos arquitectos que habían sido, precisamente, los protagonistas de los hechos que se pretendía explicar. García Mercadal, Rafael Bergamín (recién llegado de su exilio en Caracas), Casto Fernández Shaw, Sixto Illescas, Luis Blanco Soler, Miguel de los Santos, situados entre los principales responsables de la introducción en España de las tendencias afines al Movimiento Moderno, me abrieron sus archivos y –casi siempre– su "baúl de los recuerdos", ilusionados por el hecho de que alguien, después de 1939, estuviera decidido a "resucitarlos" e incluso a conceder una alta estimación a su labor de juventud. Con José Luis Sert, Félix Candela y Antonio Bonet Castellana mantuve contactos por correspondencia hasta el momento más o menos inmediato del encuentro personal. Siempre lamentaré no haber llegado a conocer a Germán Rodríguez Arias, Luis Lacasa y Manuel Sánchez Arcas, a los que hubiera podido encontrar mediante un simple viaje a Ibiza (Rodíguez Arias) o a la no tan lejana Alemania. Irreparable también mi desconocimiento previo a 1949 de la figura y la obra de J.Mª Jujol – como es lógico Carlos Flores hace también referencia a arquitectos catalanes en su AEC, algo que aquí no voy a contemplar salvo por boca de otros– *a quien hubiera sido tan fácil localizar en la Escuela de Arquitectura de Barcelona o en su piso de la Rambla de Cataluña y con el que estoy seguro hubiera llegado a mantener conversaciones para mí de incalculable valor.*

Concluye su argumentación: *A partir del bagaje a grandes rasgos reseñado y con el apasionado entusiasmo al que se ha aludido, también sin duda, con la dosis de ingenuidad mencionadas, fue tomando forma*

---

[5] Los textos referenciados y utilizados por Carlos Flores son: DE ZAVALA, Juan; *La arquitectura*, Pegaso, Madrid, 1945. GINER DE LOS RÍOS, B.; *50 años de arquitectura española 1900-1950*, Patria, México, 1952, publicado en: Catálogo General de la Construcción, nº 3, 1954-55, pp. 3-40, y reeditado como: UCHA DONATE, R.; *50 años de Arquitectura Española I (1900-1950)*, Adir Editores, Madrid, 1980.

I. Linazasoro   F. Asís Cabrero

este libro, escrito "a tumba abierta", sin reservas mentales, que pese a su falta de intención en ese sentido llegaría a convertirse en un clásico —mejor aún, en el clásico— sobre el tema.

Sin ser esa la intención de este libro y salvando las distancias que nos separan, debo confesar que preparando la introducción recordaba estas palabras como si fueran mías, intercambiando, como es lógico, fechas, lugares y, por supuesto, nombres.

Recordaba, también, cómo, siendo aún estudiante de cuarto –cursé con el plan 75 al que agradezco sus seis años más el interminable Proyecto Fin de Carrera–, José Ignacio Linazasoro nos llevó de la mano a visitar, en su casa de Puerta de Hierro[6], a Francisco de Asís Cabrero o al Doctor Arquitecto Francisco Cabrero Torres-Quevedo como rezaba la memoria académica que nos regaló a todos.

El arquitecto racionalista de la antigua Escuela de Madrid falleció el 26 de febrero de 2005 a los 92 años de edad olvidado por muchos de sus compañeros.

Hace veinte años, como decía, tuve la oportunidad de ser invitado a los sótanos de la Avenida Miraflores n° 14 en el barrio Puerta de Hierro de Madrid. Asistimos con los ojos abiertos a un santuario

[6] Se refiere a: Vivienda unifamiliar en Ciudad Puerta de Hierro, Madrid. Fecha de construcción 1961-62.

callado, la casa-estudio de Asís Cabrero. Éramos nueve alumnos a
los que alguien nos había contado el día anterior lo importante que
era aquel hombre. Nos recibió una persona del estudio, su mano
derecha, su delineante de siempre, cerca de ochenta años, más de
cincuenta a su lado, ahora, su único empleado. Por un momento
pensamos que se trataba del mismísimo Cabrero. "Por favor acom-
páñenme abajo, al estudio, don Francisco les está esperando".
Nuestro profesor iba cantándonos las excelencias de aquella vivienda mientras bajábamos hacia la sombra. "La vivienda tiene dos cuerpos en forma de *L* distribuidos en dos plantas para tratar de diferen-
ciar la vivienda de una familia numerosa en planta baja y el estudio
en semi-sótano. Como veis este muro ciego de hormigón situado en
la fachada norte funciona como contención del terreno y salva, así,
la diferencia de cotas. Apoyándose en este muro nace la estructura
metálica tan característica de Cabrero. Fijaos en las dobles vigas
abrazando los pilares, y el voladizo del jardín. ¡Qué encuentros!, ¡qué
nudos!, ¡qué sencillez!, parece tan fácil". Al fondo, vestido para la
ocasión, en penumbra, esperaba Don Francisco en un día que parecía tan importante para él como para nosotros. "Bueno, esto está
un poco desordenado, estamos preparando unos proyectos, los
delineantes se han tenido que marchar, en fin...". Todos aceptamos
complacientes aquellas mentiras piadosas. Mientras su ayudante
encendía el proyector y seleccionaba las diapositivas como si se tra-
tara de su propia obra, Cabrero, para hacer algo de tiempo, preguntó:
"¿Qué arquitectos conocidos hay ahora en la Escuela?", algún pelota
contestó con el nombre del profesor que nos había llevado a la visita,
ciertamente conocido por otra parte. "Pues no le conozco", dijo él.
Todos reímos abiertamente excepto uno. Fue aquí cuando enten-
dimos que su alejamiento de la actualidad había sido directamente
proporcional al incomprensible olvido por parte de sus compañeros
de profesión. La arquitectura puede ser muy cruel y muchos grandes arquitectos de otros tiempos han acabado solos, sin trabajo,
sin el suficiente reconocimiento y encerrados en sus castillos de
cristal, en sus cabañas primitivas, en sus propias arquitecturas, en
sus casas mirando por la ventana. La arquitectura quema etapas
demasiado rápido. El ayudante apagó la luz y don Francisco de Asís

Cabrero tomó la palabra. Como tantas otras veces comenzó haciendo una declaración de principios de su propia trayectoria: "La construcción mejor si es sencilla, casi inmediata". A partir de ahí una selección de sus mejores proyectos.

Asís Cabrero Torres-Quevedo, como insistía en apellidarse, nació en Santander en 1912 en un entorno familiar propicio para su posterior vocación. Su padre, Don José Cabrero Mons se dedicó a la pintura y participó activamente en las corrientes artísticas del cambio de siglo pasando largas temporadas en París mientras su madre y su tío le introdujeron en el mundo de la ingeniería que, más tarde, utilizaría con extremado rigor para su trabajo. 1941, un año antes de finalizar su carrera, fue clave. Trabaja con Olasagasti, Coderch, Gamir y Sotomayor en la Obra Sindical del Hogar pero, fundamentalmente, viaja a Italia cautivado por las pinturas de Giorgio de Chirico, contacta con Libera y conoce la arquitectura fascista en plena exaltación nacional de la mano de Terragni, imagen que le perseguiría hasta que proyectó las viviendas de La Virgen del Pilar de Madrid[7] y en 1949 la Casa Sindical[8] frente al Museo del Prado. En 1950 conoce a Max Bill en Zurich, detalle coincidente que ha marcado la trayectoria de algunos grandes arquitectos españoles como veremos más adelante. A partir de entonces abandona el clasicismo racionalista y cualquier otro tipo de tic político-manierista para desembarcar de lleno en la modernidad. Visita a Neutra, Wright, Aalto y depura su lenguaje en obras como la Piscina del Parque Sindical[9], la Escuela de Hostelería en Madrid[10], donde alcanza una gran habilidad compositiva y funcional, el edificio del periódico Arriba[11] al final del Paseo

[7] Se refiere a: Bloque de viviendas Virgen del Pilar, IV Fase, Madrid. Fecha de construcción 1948.

[8] Se refiere a: Anteproyecto y proyecto para Casa Sindical, Madrid. 1er Premio. Compartido con el arquitecto Rafael de Aburto. 1949.

[9] Se refiere a: Piscina. Parque Sindical Puerta de Hierro. Fecha de construcción, 1956-1958.

[10] Se refiere a: Escuela de Hostelería en Madrid, (en colaboración con Jaime Ruiz). Fecha de construcción, 1956-1957.

[11] Se refiere a: Edificio Arriba, Madrid. Fecha de construcción, 1960-1961.

de la Castellana, el Colegio Mayor San Agustín[12], su propia vivienda
en Puerta de Hierro en la que estábamos y, finalmente, su último
gran trabajo en 1964, el Pabellón de Cristal de la Casa de Campo*
también en Madrid. A partir de ahí concursos y proyectos menores
en un período de extraordinario eclecticismo arquitectónico que
quiso ir evolucionando con el tiempo sin demasiada fortuna. Sin ser
el momento para entrar a valorar cada una de las obras, lo cierto es
que Francisco de Asís Cabrero ha sido un referente de la arquitectura madrileña y su legado se ha situado al frente del racionalismo
austero e inteligente marcado por la necesidad durante los años cincuenta y sesenta. Tanto él, más austero, riguroso y cántabro, como
Alejandro de la Sota, más ingenioso, hábil y gallego, permanecerán
flotando eternamente en el subconsciente de los arquitectos madrileños o, al menos, de aquellos arquitectos que no quieren olvidar de
dónde vienen.

Una hora después, al encender la luz, la última diapositiva no se
borraba de la retina y don Francisco cansado pero lleno de ilusión
nos entregó un cuaderno con sus proyectos y un resumen de su teoría docente con la que optó por dos veces a una cátedra que el jura-
do no supo reconocerle. Uno a uno nos fue firmando el cuaderno,
sentado en su silla y con calma, como proyectando, algo sencillo, lo
suficiente, Asís, sin más.

Hace casi veinte años estuve por primera vez. Hace cuatro años
volví a entrar para publicar unas imágenes del recuerdo en la revista
Arquitectura COAM[13] que he tenido la oportunidad de dirigir. Hoy
todo sigue igual, pero distinto. En la casa se respiraba y se respira
una atmósfera que trasciende las fronteras del arquitecto. Un lugar
para habitar y para aprender.

El alma de la arquitectura nada tiene que ver con lo pretendidamen-
te poético. Simplemente está o no está, la vemos o no la vemos.
Casualmente, aparece para no marcharse cuando los arquitectos

---

[12] Se refiere a: Colégio Mayor San Agustín, Madrid. Fecha de construcción, 1961-1962.

[13] "Casa Cabrero", Madrid, 1961 [de Asís Cabrero, Francisco], Arquitectura COAM, 363,
2º CUA. 2011, p. 6-9 / 90-93 (Luis Asín)

no quieren ser los padres de sus propias obras, cuando las obras se convierten, en cierto modo, en los padres de los arquitectos, con las que aprenden, con las que descubren el camino, las que les abren puertas. Son este tipo de obras las que siempre me han interesado, compuestas de lo idéntico y lo diverso.

Quería que fuera con Cabrero el comienzo sincero de una pasión, de una obsesión. La de ordenar toda esta documentación que forma parte de mi vida. A partir de aquel día aprendí a valorar a nuestros maestros y a aprender de ellos, a dejar que sean parte de nosotros.

Unos años antes, precisamente en 1989, justo antes de ingresar en la ETSAM, mi padre, también arquitecto formado en Madrid, me regaló dos libros. El primero, *La Odisea de Homero*.[14] En la primera página se podía leer: "la vida puede ser un maravilloso viaje si le echas imaginación. Tu padre." He de reconocer que lo leí unos años más tarde mientras tomaba el sol en la isla de Paros junto a mi futura mujer esperando ver pasar la nave de Ulises al fondo. Más adelante lo cito en el capítulo de la contención. Este tal vez fuera el principio del trabajo de campo. El segundo, *Andrea Palladio. Los cuatro libros de arquitectura*[15]. En su primera página aparecía escrito con bolígrafo azul: "Un clásico fundamental que se está poniendo de moda". Su digestión me llevó un poco más de tiempo. Este sería entonces el principio de la apoyatura teórica aunque lo cite con intenciones ventajistas al final de este trabajo. Huelga decir que si mi padre me hubiera conocido entonces como me conoce ahora se hubiera ahorrado aquel supuesto gancho juvenil... *se está poniendo de moda,* esa frase siempre me ha producido cierto rechazo.

Nada más lejos de mi intención que convertir esta introducción en una atropellada autobiografía empalagosa e improcedente.

Para evitarlo, continúo con las coincidencias del texto de Carlos Flores y el origen del trabajo que nos ocupa para describir, de la manera más honesta, las fuentes documentales de este libro.

[14] HOMERO; RULL, Enrique (ed.); *La odisea*, Club Internacional del Libro, Madrid, 1985.
[15] PALLADIO, Andrea; *Los cuatro libros de arquitectura*, (Trad. del italiano de Luisa de Aliprandini y Alicia Martínez Crespo) Akal, Madrid, 1988.

Parafraseando entrecortadamente la estructura literaria del propio Flores que acabo de citar, debo decir que el material para la redacción de estos *Invariantes del pensamiento en los arquitectos de Madrid*, lo fui reuniendo ya durante mis últimos años de estudiante en la ETSAM, aprovechando las innumerables horas de biblioteca entre –o en lugar de– las clases. A partir de 1998, con el final de los estudios, el área de búsqueda se ampliaría a la biblioteca del COAM y algo antes a la de Bellas Artes –donde me pasé un "año sabático" de la asignatura de Proyectos estudiando la bibliografía disponible de Jorge Oteiza–, más adelante, y cuando el bolsillo me lo permitió, comencé, poco a poco, a visitar a Reyes y Conce, encargadas de la librería Naos. Pero sobre todo tengo que agradecer a la generosa aportación de la revista ARQUITECTURA y a otras tantas que llegaban a casa de mi madre todos los meses a nombre de Simón Lapera, que por razones que ahora no vienen al caso estaba empadronado allí...

De gran ayuda, entre los numerosos libros y revistas consultados, supondrían los volúmenes de ARQUITECTURA, órgano de la Sociedad Central de Arquitectos desde 1918, editada en Madrid –Transformada en REVISTA NACIONAL DE ARQUITECTURA a partir de 1940 y de nuevo ARQUITECTURA, órgano del COAM, desde 1959, como escribía Flores– y otra donación generosa que alguien depositó en un contenedor: una colección casi completa de la reveladora revista NUEVA FORMA dirigida por la extraordinaria personalidad que era Juan Daniel Fullaondo y publicada en Madrid desde 1966 hasta 1975 . Esta y otras reliquias como NUEVO AMBIENTE, cuadernos monográficos sobre decoración, que prefiero mantener en secreto, pertenecían a mi lado más bizarro. Por supuesto, y como corresponde a alguien de mi generación, también la revista ARQUITECTURA VIVA y AV monografías, dirigidas con extraordinaria precisión por Luis Fernández Galiano, que para hablar de todo lo acontecido en Madrid desde 1985, año en el que se inicia el recorrido de AV, es una referencia obligada. De entre los textos incluidos en ambas destacaría los artículos que sobre los más diversos temas escribiera y escribe el propio Fernández Galiano, quien ya desde el n°1[16] de la revista madrileña

16 FERNÁNDEZ–GALIANO, Luis; "De la repostería a la papiroflexia", Revista Arquitectura Viva n°1, Madrid, p. 5.

L. Fernández Galiano

ARQUITECTURA VIVA rechazaba con una vehemencia que ha ido suavizando con los años de un modo inversamente proporcional a la influencia que ha ido adquiriendo, –¡en 1988!– la comparación hecha por Philip Johnson y Mark Wigley para el MOMA entre los constructivistas rusos y siete arquitectos ya ciertamente reconocidos: Coop Himmelblau, Peter Eisenman, Frank Gehry, Zaha Hadid, Rem Koolhaas, Daniel Libeskind y Bernard Tschumi. Pero lo más sorprendente es el premonitorio título del editorial y su sentido irónico: *De la repostería a la papiroflexia*. Texto que bien podría estar escrito en 2008 cuando aquí ya eramos conscientes de lo que habíamos hecho y tratábamos de esconderlo bajo la alfombra. Afortunadamente conservo la colección desde el n°1. Aunque no me corresponde por edad sí por oportunidad. Un amigo, gran lector y antiguo politoxicómano, me dijo poco después de conocernos. "¡Ah! ¿Eres arquitecto? Espera que te traigo la colección completa de ARQUITECTURA VIVA. Se le olvidó a una antigua novia en mi casa." Supongo que por aquel entonces no estaría recuperado del todo al querer desprenderse de aquel tesoro.

Sobre el tema de la arquitectura española en las últimas décadas el panorama bibliográfico resulta, a diferencia de la época de Carlos Flores, acusadamente abundante. Y esto en cierta medida supone un grave peligro. La abundancia está reñida con el criterio. Por eso decidí centrarme básicamente en tres o cuatro cabeceras. A las anteriormente citadas habría que añadir EL CROQUIS y 2G. Por supuesto

F. Chueca   F. Asís Cabrero   M. Fisac   J. Carvajal

un seguimiento puntual de algunas revistas extranjeras como la japonesa A+U, la italiana Domus, la portuguesa Arquitectura Ibérica o la argentina Summa+ en la que asiduamente aparecen representantes de nuestra Escuela. Al margen, claro está, de las monografías y publicaciones específicas y variopintas propias de cada arquitecto, no siempre muy afortunadas y habitualmente autoeditadas.

Un año después de terminar la carrera y haber publicado un primer libro me ofrecieron coordinar la sección de arquitectura del diario ABC, más adelante dirigir las Tertulias semanales de Arquitectura del Círculo de Bellas Artes y algo después la revista Arquitectura COAM. Estas fueron oportunidades crecientes que me permitieron establecer contacto directo, desde muy joven, con prácticamente todos los arquitectos influyentes de nuestro entorno y con muchos de los que nos podrían interesar fuera de nuestro entorno.

Una fuente de información extraordinaria supusieron las conversaciones mantenidas durante horas con buena parte de aquellos arquitectos que habían sido, y son, precisamente, los protagonistas de los acontecimientos y las ideas que se pretenden agrupar, y que desgraciadamente ya no están para repetirlo. Los ya mencionados Fernando Chueca (1911), único titulado antes de la guerra (1936) con el que pude conversar, Francisco de Asís Cabrero (1912) que, aunque solo era un año más joven que Chueca, no pudo titularse hasta 1942 por la Guerra Civil. Lo mismo le ocurrió a Miguel Fisac (1913), un año

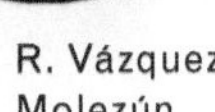

R. Vázquez
Molezún

F. Higueras

M. de las Casas

más joven, a su vez, que Cabrero. Fisac, al que muchos coinciden en reconocer como el más importante impulsor de la modernidad atípica y la libertad proyectual en España –En su retiro obligado del Cerro del Aire, en el Círculo de Bellas Artes y en mi clase de la ETSAM después–, en nuestra primera conversación me llegó a confesar, un día antes de su 88 cumpleaños y con gran complicidad, que él, a mi edad, también había escrito más de 60 artículos para el diario ABC, algo que yo en aquel momento, con 28 años ignoraba por completo. Javier Carvajal (1926), trece años más joven que Fisac y al que me costó convencer para sentarse en una mesa junto a Miguel Fisac –una vez allí no pudieron ser más coincidentes–, o José Antonio Corrales (1921) hablando cariñosamente, cómo no, de su *alter ego,* Ramón Vázquez Molezum, del que más adelante conocería a sus hijos y a su mujer en el refugio familiar de la Roiba en Pontevedra. Un capítulo especial merecen las conversaciones desbocadas con Fernando Higueras (1930) que podremos incorporar más adelante y que merecen una lectura profunda. Alguno más próximo que falleció prematuramente, pero que cabría destacar por su significación como Catedrático de la Escuela de Madrid, como es el caso de Manolo de las Casas (1940), o de Darío Gazapo y Luis Moreno Mansilla, con finales más dramáticos. A Luis todavía lo recuerdo en su estudio madrileño mostrándome sus artículos de la revista Circo, los revestimientos de aluminio de la restauración de la cervecería El Águila o paseando con un *Ducados* en la mano mientras me mostraba la descarnada obra del

D. Gazapo   L. Moreno   J. Oteiza
             Mansilla

Museo para las Colecciones Reales, por entonces aún en estructura de hormigón blanco, y discutiendo si revestirlo de piedra o no.

Quiero hablar del mayor de todos con el que pude conversar, el maestro espiritual de muchos de nosotros. Alguien que no estudió en la ETSAM pero enseñó a muchos que allí han enseñado o enseñan. Alguien que no es arquitecto, pero ha abierto las fronteras de la profesión. Tuve la oportunidad de asistir a una experiencia con él antes de su muerte. Jorge Oteiza (1908) nos recibió en su taller, yo iba acompañando a un amigo coleccionista que había localizado un busto supuestamente de su primera etapa figurativa que parecía ser de su mujer Itziar Carreño, el amor de su vida. El busto de cerámica lo encontró mi amigo en una vivienda burguesa de Buenos Aires. La familia no debía estar muy al tanto de su patrimonio o les debía sobrar el dinero, de lo contrario no se entendería que el hijo usara aquel busto como perchero para colgar el casco de su moto. Como es natural el precio no fue muy caro. Efectivamente, Oteiza le confirmó su autenticidad y le propuso un trueque con una obra menor que mi amigo no aceptó. Se acercó a una pieza que estaba en proceso y nos preguntó. "¿Qué os parece?". "En fin, bueno... yo creo que..." balbuceamos. "¿Sabéis lo que es? ¡Un corte de manga!" Así se zanjó aquella crítica improvisada.

Lo traigo aquí porque su discurso está latente en gran parte de los arquitectos que aparecen en este trabajo. Por eso, en un texto en el que hablan los arquitectos de Madrid, he querido recordar al que fuera Premio Nacional de esta disciplina en 1954 por una Capilla en el Camino de Santiago[17], proyecto que no llegó a construirse y que desarrolló en colaboración con su amigo, alumno y maestro, Francisco Javier Sáenz de Oiza. El artista trabajó con Oiza por primera vez en 1951, casi tres años después de su regreso del exilio latinoamericano. Lo hizo como escultor, proponiendo un friso con catorce apóstoles, y no doce, para la Basílica de Arantzazu[18]. Oteiza trabajaba todavía sobre el volumen en sus últimas fases e introducía el hueco por primera vez como preludio del vacío metafísico que alcanzaría más tarde. Los catorce apóstoles serían el principio de una tormentosa relación con el obispado. A raíz de su participación en el concurso para un monumento a los prisioneros políticos desconocidos en Londres se descubre el verdadero mensaje de su trabajo en Aranzazu. Apóstoles como seres humanos sometidos al dolor físico inspirados en los fusilamientos del 3 de mayo de Goya. Tuvieron que pasar quince años hasta que se permitiera su instalación. Esta fue la primera de una fructífera lista de colaboraciones con arquitectos como Corrales y Molezún, Fullaondo y sus frecuentes apariciones en la revista Nueva Forma, Herrada, Maíz y Muñoz, Barroso, Orbe, De la Hoz, García de Paredes, Fisac, Romany y Puig en Uruguay con proyectos como el Monumento a José Batlle y Ordóñez en Montevideo[19], el Cementerio de San Sebastián[20], la plaza de Colón de Madrid[21], la Fundación Sabino

[17] Se refiere a: Proyecto para una Capilla en el camino de Santiago, autores Francisco Javier Sáenz de Oiza y José Luis Romany junto a Jorge Oteiza 1955.

[18] Se refiere a: Estatuaria del Santuario de Arantzazu de los arquitectos Sáenz de Oiza y Laorga. 1950-1954.

[19] Se refiere a: Concurso internacional de anteproyectos para el monumento a Batlle y Ordoñez en Montevideo, autores Roberto Puig y Jorge Oteiza 1959.

[20] En el año 1985 el premio para la construcción de un Cementerio en Ametzagaña es fallado y el equipo integrado por Fullaondo, Herrada, Maíz y Muñoz y el escultor Jorge Oteiza, fue descalificado. Comentario extraído del libro: MORAL, Andrés; *Fernando Oteiza. Arquitectura desocupada. De Orio a Montevideo.* Pamplona, Cátedra Jorge Oteiza, 2009, p. 184.

[21] Se refiere a: Concurso nacional para la Plaza de Colón de Madrid en colaboración con Ángel Orbe, Alonso, Arana y Gabiria, 1970.

Arana[22], la Alhóndiga de Bilbao[23], la Ópera de Madrid[24] o la Casa Museo de Oteiza[25] en Alzuza inspirada en la arquitectura tradicional vasca de defensa, de nuevo con Oiza y su último trabajo en colaboración con arquitectos.

En un momento en el que la arquitectura había llegado a un fondo de saco deshumanizado, y habiendo explorado hasta la extenuación los límites limitados del Estilo Internacional, se hace un llamamiento masivo a la escultura. Era preciso recurrir a las nuevas vías abiertas por los escultores en busca de caminos que humanizaran el exceso de mecanicismo. Mientras que algunos, en Barcelona, ya se habían aproximado a Calder, años antes, dejándose hipnotizar por sus lúdicos movimientos sobre la cuna, la Escuela de Madrid prefirió el método científico de Oteiza, del que hablaremos en el capítulo de la oportunidad. Pero no son sus colaboraciones habituales con arquitectos lo más revelador de Oteiza, sino su capacidad para desentrañar y sistematizar las leyes universales del espacio, de la materia y su desocupación, de la luz y, por consiguiente, de la forma esencial capaz de envolver un vacío intenso, receptivo. Muchas han sido las influencias de su Propósito Experimental en la arquitectura contemporánea. Precisamente en su texto *Propósito Experimental* terminado en 1957 habla de todo lo que a un arquitecto le puede preocupar y lo resuelve.

Hoy oriento todo mi interés, más que en la integración funcional de la Estatua con la arquitectura y el mundo, a la determinación final de la obra como servicio metafísico para el hombre. Incluso como sitio solo, espiritual, para el alma sola del espectador. Personalmente confieso que estoy harto de lo próximo, del escándalo vital de lo móvil y cambiante, del Arte, al fin de cuentas como espectáculo y exhibición. Necesito para mí un sitio espiritual libre, a mi lado, vacío, inmóvil, lejano, duro —duro, en cierto modo hacia fuera—, desnudo, protestante —protestante en cier-

[22] Se refiere a: Fundación Sabino Arana en colaboración con N. Basterretxea, 1978-1979.

[23] Se refiere a: Proyecto para el centro cultural de la Alhóndiga de Bilbao en colaboración con Juan Daniel Fullaondo y Fco. Javier Sáenz de Oiza, 1988.

[24] Se refiere a: Concurso internacional para la construcción del Teatro Nacional de la Ópera de Madrid en colaboración con Ángel Orbe y Javier y Juanjo Barroso, 1963.

[25] Se refiere a: Museo Jorge Oteiza en Alzuza en colaboración con Saénz de Oiza, 2003.

*to modo hacia afuera–, insoluble y trascendental. No busco lo que tene-
mos, sino lo que nos falta.*

Detrás de este anhelo hay un amplio conocimiento de las vanguar-
dias pictóricas y arquitectónicas basadas en un respeto hacia Malé-
vich y Le Corbusier y en un posicionamiento crítico ante Mondrian y
especialmente ácido ante Kandinsky, Gropius y la Bauhaus, de la que
llegó a escribir.

*Considero, así mismo, que el artista actual, por errores fundamentales
de partida, en conceptos del Bauhaus, del propio Gropius, aceptados
sin revisión, está empeñado falsa y tenazmente, en basar su creación en
esta multiplicación física y natural de las combinaciones del espacio con
el tiempo. Los resultados de este arte maquinista son espacios exteriores
enriqueciendo el espacio exterior, con el consiguiente empobrecimiento
de las defensas espirituales del hombre...*

Ahora se entiende cómo los jóvenes arquitectos de Madrid durante
los años 50 tomaban a Oteiza como referente. Sus reacciones críti-
cas y su posicionamiento firme ante las circunstancias se han man-
tenido incorruptibles hasta su muerte, desde que dio por concluido
su Propósito Experimental a finales de los años cincuenta.

No es momento para hacer un análisis profundo de su método,
pero sí para recordar cómo defendió su dignidad y la nuestra hasta
el final. Tanto con su Hau Madrilentzat, obra que finalmente no se
construyó para Madrid y que simbolizaba un corte de mangas al
centralismo político, como con su poema titulado *Oda Olímpica*,
rescatado por Josep Quetglas, tras la invitación de Maragall para
realizar una Gran escultura en la Diagonal y que desde aquí suscri-
bo. El Alcalde Maragall afirmaba de Barcelona que es guapa, muy
guapa, guapísima y Oteiza le respondió[26]: *Vuelvo de allí sucia basura
basurísima, no tendréis mi escultura, no confundan entre tanta chatarra
chatarrísima, no me ensucian entre tanta corrupción. Que horror de
mierdas esta hermosa ciudad acribillada. Calatrava, monumental homenaje a la costurera, aguja al cielo con su botón de bragueta o calzoncillo,*

26 Hau Madrilentzat (Esto para Madrid), 1975 (2002). Bronce fundido y armado. 66 x 52 x
55 cm. MMAC, 2002/2/3.

E. Chillida   P. Palazuelo   C. Ortiz-Echagüe   A. Fernández-Albalat

destruye al fondo horizontal de paz un bellísimo paisaje. De la pérgola de Enric Miralles y Benedetta Tagliabue en la avenida Icaria escribe *arboleda chatarra de hierro basura* más adelante se refiere al pez de Frank Gehry como *el enorme besugo de oro, bodrio americano de intestinal chatarra ensuciando el cielo.* La oda termina con una estrofa escrita en mayúsculas: *No os merecéis estos dos nombres, Gaudí, el genio que ensuciáis todos los días, y yo, que con mi amor y mi genio vine; tranquilizaos, no volveré, ya me he ido.*[27]

No puedo aparcar los paralelismos con otras disciplinas en esta introducción sin citar a Eduardo Chillida o a Pablo Palazuelo del que me habló por primera vez Mariano Bayón en alguna de sus clases, pero de ellos ya se encargarán de profundizar los arquitectos.

Continuando con los arquitectos que ya no están pero aparecen en este trabajo, tengo que reconocer que todos me abrieron sus archivos y –casi siempre– su "baúl de los recuerdos", algunos, los mayores, ilusionados por el hecho de que alguien estuviera decidido a "resucitarlos" e incluso a conceder una alta estimación a su labor de juventud. Por otro lado, con algunos, como Ortiz Echagüe (1927) o Andrés Fernández-Albalat (1924), ambos formados en la Escuela de Madrid, también tengo, a día de hoy, relación. Aunque sin dema-

[27] *Jorge Oteiza, Oda Olímpica a Barcelona.* Quetglas, Josep. Quaderns d'Arquitectura i Urbanisme 2006, (251): 136-139.

A. de la Sota

F. J. Sáenz
de Oiza

J. Navarro
Baldeweg

R. Moneo

siada presencia en la capital –Salvo los edificios para SEAT o BP en Madrid de Ortiz Echagüe– es preciso recordarlos ya que fueron próximos estilística e ideológicamente en sus planteamientos. Con el segundo mantuve un encuentro personal en La Coruña rodeado de alumnos de primero que no daban crédito ante tanta naturalidad y sentido común. Con el primero crucé correspondencia desde Alemania en su retiro monacal después de haber visitado los comedores de la SEAT en Barcelona. Proyecto y autor olvidado hasta que la Universidad de Pamplona lo rescató en 1999 con un documento imprescindible dirigido por Juan Miguel Ochotorena y coordinado por José Manuel Pozo en su encomiable labor arqueológica y de impulsor de la investigación.[28]

En 1953 la Sociedad Española de Automóviles de Turismo S.A. – SEAT– se plantea la necesidad de dotar a su complejo industrial, en la Zona Franca de Barcelona, de un edificio para el servicio de comidas del personal de su fábrica. Poco tiempo después los arquitectos César Ortiz-Echagüe Rubio, Manuel Barbero Rebolledo y Rafael de la Joya Castro iniciarían el desarrollo del proyecto, que se concluiría en 1956. Su diseño implicaba la utilización de aluminio para la solución de la estructura y no por una cuestión fortuita, arbitraria o esti-

[28] OCHOTORENA, Juan Miguel. POZO, José Manuel. *Ortiz-Echagüe, Barbero y de la Joya. Comedores de la SEAT.* Pamplona, T6 Ediciones. Escuela Técnica Superior de Arquitectura. Universidad de Navarra. 1999.

lística, sino porque las condiciones del terreno próximo al mar y su
relación con el mundo aeronáutico así se lo dictaron. El hierro pesa-
ba mucho, la cimentación requerida para aquel terreno habría dispa-
rado los precios y el proyecto hubiera resultado inviable. A partir de
ahí el padre de César, reputado ingeniero y presidente de C.A.S.A
le sugirió la utilización de aluminio para resolver la estructura. Más
ligero y disponible en sus fábricas. Esto supondría una solución de
cimentación mucho más económica. De este modo, se contó con el
apoyo de un equipo de ingenieros (C.A.S.A.) que participaron en
todo el proceso, cuyo resultado fue un conjunto de pequeños pabe-
llones –en contraposición a las grandes naves de producción– separados entre sí por zonas ajardinadas a las que se abrían en toda la
longitud de sus fachadas.

Los comedores obtuvieron el Reynolds Memorial Award en 1957.

He querido traer este apunte a la introducción no por su valor como
arquitectura, que la tiene, sino por su actitud, por la actitud de sus
arquitectos. Una actitud que desarrollaremos más adelante y que
puede considerarse como una de las principales características de
la Escuela de Madrid, si es que esta existiera de algún modo o hubiera existido: Estar atentos a la oportunidad.

Siempre lamentaré no haber llegado a conocer personalmente a
Alejandro de la Sota, fallecido en 1996, antes de que yo terminara la
carrera y pudiera ser plenamente consciente de su trascendencia, o a
Francisco Javier Saénz de Oiza, desaparecido en el 2000, durante las
primeras notas de este trabajo. Afortunadamente, su legado queda
reflejado abundantemente en las innumerables referencias que los
arquitectos entrevistados hacen de ellos, reconociéndoles un valor
capital en la formación de las generaciones posteriores. De la misma
manera que sucede con Juan Navarro Baldeweg y, especialmente,
con Rafael Moneo a los que, por supuesto, he escuchado en público
y en privado y cuya obra he podido visitar en gran medida. Precisamente con Rafael Moneo pude compartir una conversación el 20 de
enero de 2015, en su estudio de la calle Cinca nº5, para contrastar
abiertamente las primeras conclusiones de este trabajo. Estos profesionales aparecen recordados constantemente en los diálogos y

A. Campo Baeza

textos por su influencia y la permanente transmisión de conocimientos hacia gran parte de los arquitectos en activo. Es evidente que merecen una especial consideración.

Mención destacada merece la atención constante, el cariño y el apoyo que Alberto Campo Baeza, de manera desinteresada, ha volcado sobre mi. Sin su acicate permanente y su tutela nunca se habría llevado a cabo este compendio.

Más adelante aparecen recogidos los testimonios transcritos y ligeramente depurados de estos y del resto de compañeros que hace diez años poblaban el discurso madrileño. Las notables ausencias, que las hay, se deben a un problema puramente cuantitativo, de espacio y tiempo, más que cualitativo. Nombres como los que aparecen en la genealogía[29], y algunos otros con los que también he tenido contacto, no aparecen directamente referenciados, por las razones antes expuestas, aunque formen parte intanginble de este discurso coral.

A partir del bagaje a grandes rasgos reseñado y con el apasionado entusiasmo al que se ha aludido, también sin duda, con la dosis de ingenuidad mencionadas, fue tomando forma este trabajo, escrito "a tumba abierta", sin reservas mentales como reconocía Carlos Flores en su introducción.

[29] Ver en este mismo trabajo el apartado: 2. Genealogía.

Pero antes de llegar al momento en el que se circunscribe este trabajo (primera década del siglo XXI) y a los testimonios de sus actores
principales, conviene revisar nuestro árbol genealógico reciente y
citar, amparándonos en la historiografía recurrente, a nuestros más
importantes y directos maestros y compañeros, partiendo como es
lógico de las listas de Carlos Flores. Al menos hasta el año 1960. A
partir de ahí la lista se nutrirá con las aportaciones de otras publicaciones o acontecimientos de referencia. Recogeremos aquellos
a los que nuestra memoria colectiva todavía recuerda o ha querido
recordar y a quienes debemos gran parte de nuestras opiniones.

Fotografía tomada durante el curso 1993-94.
Francisco de Asís Cabrero, José Ignacio
Linazasoro y otros profesores de la Cátedra en la
Casa-estudio de Puerta de Hierro. Arturo Franco
detrás a la izquierda de Francisco de Asís Cabrero.

GENEALOGÍA

En esta relación se icluirán exclusivamente arquitectos formados en
Madrid o que han desarrollado gran parte de su trabajo desde Madrid
–y con obra construida salvo escasas excepciones–, partiendo de los
nombres citados en textos fundamentales. Se trata de arquitectos
cuyo legado y conocimientos han sido transmitidos hasta las generaciones actuales.

No se incluirá en esta relación aquellos arquitectos que por su dedicación exclusivamente académica han contribuido de manera fundamental a nuestra formación en materias como el dibujo, la historia,
la teoría, el análisis, la crítica, el arte, el urbanismo, las matemáticas
o el cálculo. Recorreré a través de una bibliografía seleccionada los
nombres fundamentales desde la generación del 25 (1925) hasta el
año 2000, momento en el que comienza este trabajo. Auque habría
que tener muy en cuenta que nuestra influencia directa se producirá
a partir de los arquitectos incluidos en la primera generación de posguerra, quedando los anteriores muy alejados de nuestra realidad.

GENERACIÓN DEL 25

Aquellos que terminan la carrera entre 1918 y 1923 salvo el caso especial de Secundino Zuazo[1], que la acaba en 1912, pero es incluido por
su proximidad de espíritu y su papel referente. También cabe apun-
tar la vinculación estilística de dos arquitectos anteriores: **Antonio
Florez** (1877) y **Teodoro Anasagasti** (1880). Situados por orden
cronológico según las respectivas fechas de final de estudios y prescindiendo de los no formados en Madrid.

Zuazo (1887), **Blanco Soler** (1894), **Bergamín** (1891), **Fernández
Shaw** (1896), **De los Santos** (1896), **Aguirre** (1896), **Sánchez
Arcas** (1897), **Borobio** (1895), **Azpiroz** (1895), **Casayús** (1895),
LaCasa (1899), **García Mercadal** (1896), **Arniches** (1895), **Martín
Domínguez** (1897), **Gutiérrez Soto** (1890).

[1] FLORES, Carlos; *Arquitectura Española Contemporánea I, 1880-1950*, Aguilar, Madrid, 1989, pp.
145-177.

Algunos de estos componentes de la generación del 25 se incorporan al equipo de redacción de la revista Arquitectura[2] para renovar el mensaje, junto a otros arquitectos de generaciones anteriores. En el año 25 estaba formada por: Presidente: Luis Bellido (1869). Secretarios: **Bernardo Giner de los Ríos** (1888) y Rafael Bergamín (1891). Vocales: José **Yárnoz Larrosa** (1884), Benito Guitart (1867), Luis Lacasa (1899), Miguel Sánchez Arcas (1897), Luis Blanco Soler (1894), Teodoro Anasagasti (1880) y **Modesto López Otero** (1885). Delegado de publicaciones: **Leopoldo Torres Balbás** (1888). Carlos Flores incluye a **Gustavo Fernández Balbuena** (1888) y al propio García Mercadal (1896) como firmas influyentes en la revista.

Oriol Bohigas en su *Arquitectura española de la Segunda República*[3] nombra también a **Víctor Eusa** (1894) que desarrollaría gran parte de su trabajo en Pamplona aunque estudió en Madrid.

REPRESENTANTES DE MADRID EN EL GATEPAC Y EL GRUPO DE LA CIUDAD UNIVERSITARIA

El GATEPAC (Grupo de Arquitectos y Técnicos Españoles para el Progreso de la Arquitectura Contemporánea) nace en Zaragoza el 26 de octubre de 1930. Por Madrid asisten: García Mercadal (1896), como nexo de unión con la generación del 25, **Felipe López Delgado** (1902) y **Calvo de Azcoitia**. Más tarde aparecerían: **Esteban de la Mora** (1902), **Martínez Chumillas** y **Aníbal Álvarez** (1902).

También participan **Aizpurúa** (1902) y **Labayen** (1902) que, aunque desarrollaran su trabajo desde San Sebastián, se formaron en Madrid, así como **Luis Vallejo** que trabajó en Bilbao.[4]

[2] FLORES, Carlos; *Arquitectura Española Contemporánea I, 1880-1950*, Madrid, Aguilar, 1989, nota al pie, p. 151.

[3] BOHIGAS, Oriol; *Arquitectura española de la segunda república*, Tusquets, Barcelona, Primera edición 1970, revisión 1973, p. 90.

[4] FLORES, Carlos; *Arquitectura Española Contemporánea I, 1880-1950*, Aguilar, Madrid, 1989, pp. 177-206.

En Madrid, el gabinete técnico para desarrollar la Ciudad Universitaria estaba dirigido por Modesto López Otero (1885) e integrado por los arquitectos de la generación del 25: De los Santos (1896), Sánchez Arcas (1897), Aguirre (1896), LaCasa (1899), **Pascual Bravo** (1893), –no incluido en la primera lista de la generación del 25 y autor de la Escuela de Arquitectura actual– Blanco Soler (1894) y Bergamín (1891). A los que hay que añadir a **Eduardo Torroja** (1899) como ingeniero.[5]

De manera muy tangencial Carlos Flores cita a **Luis Moya** (1904).[6]

Fullaondo incluye otro nombre importante a la lista: **Eugenio Aguinaga** (1910). Lo mismo habría que decir de **Pedro Bidagor** (1906).[7]

Antonio Fernández Alba en su *Crisis de la arquitectura española* incluye un hito importante en términos de repercusión socio-política –el Valle de los Caídos en 1953– de dos arquitectos de esta generación que tal vez Flores no contemplara por su alejamiento de los planteamientos modernos: **Diego Mendez** (1906) y **Pedro Muguruza** (1893).[8]

José Manuel Pozo en *Los Brillantes 50* selecciona en este periodo, o tal vez en el inmediatamente posterior a la guerra, a **Fernandez Vallespin** (1910).[9]

Otros textos, pero no el de Flores, incluirán a **Luis Martínez Feduchi** (1901).

[5] FLORES, Carlos; *Arquitectura Española Contemporánea I, 1880-1950*, Aguilar, Madrid, 1989, pp. 207-213.

[6] FLORES, Carlos; *Arquitectura Española Contemporánea I, 1880-1950*, Aguilar, Madrid, 1989, p. 262. Cabría precisar que lo nombra en el Índice de nombres aludiendo a la página 262 y allí solo aparece Juan Moya.

[7] FULLAONDO, Juan Daniel; MUÑOZ, María Teresa; *Historia de la Arquitectura Española Contemporánea Tomo III*, Molly, Madrid, 1997, p. 28.

[8] FERNÁNDEZ ALBA, Antonio; *La crisis de la arquitectura española, 1939-1972*, Cuadernos para el Diálogo, Madrid, 1972, p. 136.

[9] VV.AA; *Los brillantes 50, 35 proyectos*, T6, Pamplona, Escuela Técnica Superior de Arquitectura, Universidad de Navarra, 2004, pp. 132-144.

GENERACIÓN DISPERSA DEL 36 AL 39

Carlos Flores escribe sobre las circunstancias de la desaparición de una generación casi completa.[10]

Entre los efectos más señalados que la guerra originó y que tuvieron influencia sobre el desarrollo de la arquitectura en los años inmediatamente posteriores a 1936 deben considerarse los siguientes:

Primero: desaparición prematura de algunos profesionales cuya influencia hubiera llegado a hacerse sentir sobre la arquitectura y los arquitectos futuros.

Segundo: alejamiento de España de ciertos arquitectos que si bien siguieron desarrollando una actividad profesional –a veces descollante– para nada influyeron en el pensamiento arquitectónico de la posguerra española.

He preferido omitir la larga lista de arquitectos exiliados que presenta Flores por no tener gran influencia en las generaciones posteriores.

Tercero: desconcierto y desplazamiento de aquellos arquitectos que aun permaneciendo en España no cuajaron, tras la guerra, una labor coherente con su trabajo anterior.

Cuarto: nacimiento de un clima patriótico basado en la nostalgia de épocas imperiales con influencia sobre la arquitectura al pretender instituir un estilo arquitectónico neoimperial.

Tal vez refiriéndose a **Fernando Chueca Goitia** (1911), graduado justo antes del estallido de la guerra, al que no cita. Quizás Fernando Chueca no estuviera incluido por su alejamiento de los postulados modernos pero hay que reconocer su labor como contrapunto ideológico que se mantuvo durante largos años en Madrid.

Quinto: Aparición de las promociones de posguerra; alumnos formados en el ambiente vital y arquitectónico señalado.

---

[10] FLORES, Carlos; *Arquitectura Española Contemporánea I, 1880-1950*, Aguilar, Madrid, 1989, pp. 219-220.

Sexto: Planteamiento de urgentes problemas de reconstrucción.

Más adelante continúa insistiento en la desaparición de una generación que pudo haber sido referente y no lo fue. De esta manera a partir de la primera generación de posguerra comienza la arquitectura española casi de cero, sin maestros. Es aquí donde comenzamos a recordar en este trabajo a los nuestros, a aquellos que comenzaron a trabajar en la década de los 50 en adelante. Al comienzo de nuestro verdadero árbol genealógico.

Aun cuando los miembros de esta generación dispersa –que englobaría a las que hemos llamado "de 1925" y "del GATEPAC"– haya sido capaz de salvar su propia labor personal, el hecho es que, como conjunto, como entidad que hubiera permitido una continuidad, esta generación se perdió y no sólo ella y sus obras sino también el apoyo e influencia que hubieran llegado a ejercer sobre generaciones posteriores.[11]

Juan Daniel Fullaondo en unas notas incluidas en su *Historia de la Arquitectura Contemporánea Española* Tomo III_tiene otro punto de vista con respecto a la ausencia de maestros de la siguiente generación y de su ruptura con el pasado.[12]

Madrid, ciudad abierta, es inevitablemente propicia al desarraigo, la insolidaridad, la ausencia de reconocimiento...Falta la dimensión de "país" y, lógicamente, desaparecen las connotaciones de ascendencia psicológica y cultural. Los "fracasos", por llamarlos de alguna manera, de figuras como Sota o un Asís Cabrero en sus oposiciones a cátedras –el fracaso, evidentemente, no es suyo– es el de un planteamiento que posibilita esas situaciones. Dentro de un esquema semejante, como ha señalado últimamente Oiza, parece indudable que Alvar Aalto, por ejemplo, nunca alcanzaría una cátedra en Madrid –resultan expresivos de ese desarraigo, esa mirada turbia con que Madrid enfoca siempre toda relación de ascendencia cultural...

[11] FLORES, Carlos; *Arquitectura Española Contemporánea I, 1880-1950*, Aguilar, Madrid, 1989, pp. 221.

[12] FULLAONDO, Juan Daniel; MUÑOZ, María Teresa; *Historia de la Arquitectura Española Contemporánea Tomo III*, Molly, Madrid, 1997, pp. 47.

Es uno de los objetivos de esta ensayo demostrar que el estado
de la cuestión ha variado sustancialmente desde que Fullaondo
escribió esas palabras situándonos más cerca de los planteamientos de Flores que de Fullaondo en este caso. La diferencia
más importante es que ahora sí podemos presumir de genealogía.
Genealogía por contacto directo y transmisión oral, que comienza
a continuación.

PRIMERA GENERACIÓN DE POSGUERRA

Aquellos que salen de la Escuela de 1941 a 1944 situados por orden
cronológico según las respectivas fechas de final de estudios y
prescindiendo de los no formados en Madrid.

De la Sota (1913), **Cabrero** (1912), **Fisac** (1913), **Fernández del Amo**
(1914), **Aburto** (1913)[13]

SEGUNDA GENERACIÓN DE POSGUERRA

Aquellos que salen de la Escuela antes de 1958 y que hasta la
publicación de AEC (1961) habían construido alguna obra importante. Mención especial se merece Sáenz de Oiza, que se graduó
en 1946 y podría ser considerado de transición entre la primera y la
segunda, y Luis Peña Ganchegui que, aunque graduado en 1959,
en 1960 tiene ya dos obras construidas.

Sáenz de Oiza (1918), **Corrales** (1921), **Molezún** (1922), **Cano
Lasso** (1920), **Romany** (1921), **La-Hoz** (1924), **García de Paredes**
(1924), **Ortiz Echagüe** (1927), **Barbero** (1924), **Carvajal** (1926),

[13] FLORES, Carlos; *Arquitectura Española Contemporánea*, Aguilar, Madrid, 1961,
reedición 1989. Nombres extraídos de la introducción del tomo II firmada en Madrid
octubre de 1988 y editado en 1989, p. 8.

Vázquez de Castro (1929), **Íñiguez de Onzoño** (1927), **BarBoo** (1922), **Peña Ganchegui** (1926).[14]

Más adelate, en la introducción, pero no en su lista principal, Carlos Flores incluye otros nombres que hacen pareja profesional con algunos de los ya citados, como **Laorga**, haciendo pareja con Sáenz de Oiza, que también colaboró con **Alvear, Cubillo** o **Sierra**[15], sin citar aquí arquitectos formados fuera de Madrid. Al margen de la introducción y en la relación de obras del tomo II sorprende que incorpore dos obras de Antonio **Lamela**[16], el edificio de viviendas en la Avenida del Generalísimo y el motel en Valdepeñas y, sin embargo, no lo incluya a él en la lista de la segunda generación de posguerra. Lo mismo ocurre con **De la Peña** y sus dos obras de apartamentos en Canarias. En la relación de obras también incluye a otros arquitectos a los que no hace referencia en la lista principal, aunque la gran mayoría aparecen por su colaboración con otros arquitectos entre los que destacan **López Zanon, De la Joya, Ramón Moliner** o **Jaime Ruiz**.

José María Sostres acierta con la mayoría de los nombres en un texto escrito 6 años antes que la obra de Carlos Flores, para el suplemento 1955-56 del Espasa. Como escribe Juan Daniel Fullaondo:[17]

*No se trata solamente de Ramón Molezún como "divulgador de las ideas wrightianas", sino de sus breves referencias, curiosas, a Gutiérrez Soto y Miguel Fisac. También surgen desde Madrid los nombres de **Carlos de Miguel, José A. Domínguez, Ricardo Magdalena** y el ingeniero **Fernández Casado**. En otro contexto también aparecen Íñiguez de*

[14] FLORES, Carlos; *Arquitectura Española Contemporánea*, Aguilar, Madrid, 1961. Reedición Aguilar, 1989. Nombres extraídos de la introducción del tomo II firmada en Madrid octubre de 1988 y editado en 1989, p. 9.

[15] FLORES, Carlos; *Arquitectura Española Contemporánea*, Aguilar, Madrid, 1961. Reedición Aguilar, 1989. Nombres extraídos de la introducción del tomo II firmada en Madrid octubre de 1988 y editado en 1989, p. 10.

[16] FLORES, Carlos; *Arquitectura Española Contemporánea II, 1850-1960*. Aguilar, Madrid, 1961, reedición 1989.

[17] FULLAONDO, Juan Daniel; MUÑOZ, María Teresa; *Historia de la Arquitectura Española Contemporánea Tomo III*, Molly, Madrid, 1997, pp. 13-14.

Onzoño, **Leoz**, **Martitegui**, **Susunaga**, **Pablo Pintado**, **Ruiz Hervás**
y Antonio Vázquez de Castro... Javier Carvajal, **García de Castro** *y*
José Antonio Corrales.

Más adelante pasa a recordar los que incluye Sostres en su revisión
de 1957-58:

En el siguiente suplemento sí aparecían Sota, García de Paredes y otros
nombres catalanes.

Le sorprende a Fullaondo la ausencia, incluso en la segunda lista
ampliada por Sostres, de Oiza, Cabrero o Aburto. Sírvanos al menos
este apunte sobre Sostres para incorporar y complementar algunas
ausencias en la lista de Flores. Que no son tantas ya que muchos
de los citados por Sostres aparecen incluidos en los créditos de las
obras seleccionadas por Flores.

Más adelante el propio Fullaondo incluye otro nombre importante en
la lista: **Eleuterio Población Knappe** (1928)[18]

Juan Daniel Fullaondo contribuye en 1997 a las listas anteriores con
dos relaciones más, como continuación, que iniciaron su camino a
partir de la década de los 60:[19]

Carlos Flores (1928), **Eduardo Mangada** (1932), **Carlos Ferrán**
(1932), **López Candeira, Miguel Oriol** (1933) y Peña Ganchegui
(1926), al que ya aludía Carlos Flores.

Por último, otra lista de *"aliento inicial más orgánico"* en la que
él mismo se incluye: **Juan Daniel Fullaondo** (1936), **Fernando**
Higueras (1930), **Antonio Miró** (1931), **Antonio Fernández Alba**
(1927), **Francisco (Curro) Inza** (1929) y **Rafael Moneo** (1937).

Muchos de ellos ya los había incluido Luis Domenech en su AEC de
1968. Domenech apunta tres nombres que más tarde no tendrían el
desarrollo esperado y que no incluiremos en la relación final, como

[18] FULLAONDO, Juan Daniel; MUÑOZ, María Teresa; *Historia de la Arquitectura Española*
Contemporánea Tomo III, Molly editorial, Madrid, 1997, pp. 28.

[19] FULLAONDO, Juan Daniel; MUÑOZ, María Teresa; *Historia de la Arquitectura Española*
Contemporánea Tomo III, Molly, Madrid, 1997, pp. 27.

son Alfonso Fernández de Castro, José Joaquín Aracil Bellod y Miguel Chinarro Matas.[20]

Antonio Fernández Alba en su libro *Crisis de la arquitectura española*[21], publicado en 1972, incluye ya a **Javier Feduchi** (1929) en el apartado de interiorismo.

En el año 2004 aparece un extraordinario trabajo de investigación y coordinación dirigido por José Manuel Pozo al que ya hemos aludido, *Los brillantes 50. 35 proyectos.* De aquí podemos incorporar a la lista de este período algunas aportaciones significativas asesoradas por Lahuerta, Sambricio y el propio Pozo. **Santiago Artal** (1929), que titulado en Madrid trabajaría por la zona de levante, **Fray Coello de Portugal** (1926), trabajando bastante en Navarra, **Moreno Barberá** (1913) y **Luis Recaséns** (1916).[22]

Para finalizar el bloque me permito introducir dos ausencias importantes de esta generación que no acabo de encontrar en ninguna de estas listas anteriores. Andrés **Fernández Albalat** (1924) que, a pesar de desarrollar su carrera en Galicia, se formó en Madrid –hay que decir que Lahuerta lo propone para componer la selección de *Los brillantes 50*[23] aunque al final no es incluido–, y **Pedro Casarlego** (1927) –también hay que decir que, en este caso, Sambricio lo propone para componer la selección de *Los brillantes 50* aunque al final no es incluido– que trabajó con **Genaro Alas** (1926).

Reconociendo a algunos de los Jóvenes Arquitectos de Madrid que habían empezado a trabajar en los 70, Alberto Campo Baeza en 1977

[20] DOMENECH GIRBAU, Luis; *Arquitectura Española Contemporánea*, Blume, Barcelona, 1968.

[21] FERNÁNDEZ ALBA, Antonio; *La crisis de la arquitectura española, 1939-1972*, Madrid, Cuadernos para el Diálogo, 1972, p. 137.

[22] VV.AA.; *Los brillantes 50, 35 proyectos*, T6, Pamplona, Escuela Técnica Superior de Arquitectura, Universidad de Navarra, 2004.

[23] VV.AA.; *Los brillantes 50, 35 proyectos*, T6, Pamplona, Escuela Técnica Superior de Arquitectura, Universidad de Navarra, 2004, p. 10.

escribe en la revista japonesa A+U 78:03[24] la siguiente relación verdaderamente novedosa:

Alberto Campo Baeza, Antón Capitel, Manuel de las Casas e Ignacio de las Casas, Fernando Fauquié, Fernando Nanclares y Nieves Ruiz, José Manuel López Peláez, Álvaro Llano, Miguel Martín Escanciano, Juan Navarro Baldeweg, Paco Partearro-llo, Antonio Romero, Gabriel Ruiz Cabrero, Enrique Perea, Javier Vellés e Ignacio Vicens.

Un año después, en el año 1978 aparece un texto de Rafael Moneo en la publicación catalana Arquitecturas Bis: 23-24. Allí recoge algunos nombres y algunas características de los más destacados arqui-tectos que salieron de la escuela en torno a los 70 coincidiendo con Alberto en muchos nombres y aportando otros. Me permito transcri-bir un amplio extracto por su trascendencia para el momento y lo que supuso como respaldo definitivo a los incluidos.

Déjesenos señalar, en primer lugar, la diversidad del material que aquí se publica y que va desde el de algunos arquitectos inmersos en la más dura práctica profesional —Casares, Ruiz Yébenes— hasta aquella voluntaria marginación en un mundo más próximo al mercado de la obra de arte que al de la construcción —Juan Navarro—. Polos quizás extre-mos de un espectro que comprende a un puñado de arquitectos que, a pesar de encontrarse ya a casi diez años de su titulación, apenas si han tenido la oportunidad de construir, con lo que el fantasma de la "opera prima", con toda la carga de innecesaria síntesis que por lo general la caracteriza, se presentará a menudo en esta breve muestra. Esta diver-sidad deja a salvo a la publicación de poder ser interpretada como un intento de aglutinar una posible escuela.

Pero vayamos a una de las consideraciones que más nos atrae; a nues-tro entender, y contrariamente a lo que pudiera parecer tras de leer las líneas anteriores, la arquitectura de las nuevas promociones madrileñas sigue aferrada a algunos de los problemas de sus mayores. Seamos más explícitos. La interpretación que la arquitectura madrileña —la de la

[24] CAMPO BAEZA, Alberto; "7 Masters of Madrid +7+7 Young Architects", A+U, 78, 03, Tokio, 1977.

generación anterior se entiende— dio del "movimiento moderno" siempre tendió hacia una, llamémosla así, institucionalización de la tecnología. Pues bien una tal actitud nos parece que se puede entrever todavía en un buen número de las obras que aquí se publican. Dicho de otro modo: a pesar de que los tiempos que corren se definen a sí mismos como "post-modernistas", los jóvenes arquitectos madrileños parecen estar interesados todavía en una modernidad al pie de la letra, de manual de historia de la arquitectura moderna de los años cincuenta. Es como si, vueltos a aquellos años en que en Madrid el triunfo y la crítica a lo moderno fue casi una misma cosa, la postura crítica se rechazase, no quedando otro camino que el profundizar en lo que se llamaba lo moderno con ayuda, sobre todo, del báculo tecnológico.

La figura en quien se miran todos estos jóvenes arquitectos es, y no pienso que nadie lo ponga en duda, Alejandro de la Sota, quien permaneció impasible y solo, ajeno a los desviacionismos de sus compañeros de generación y que ahora vería así premiada, con la admiración de los más jóvenes, su obstinada postura. A nuestro entender giran en esta órbita obviamente López-Cotelo, Puente y Azofra, discípulos directos, pero su influencia se hace sentir en otras gentes como son los Casas, o aparece en el proyecto de vivienda unifamiliar de López-Peláez, Frechilla y Sánchez, llegando las salpicaduras hasta los propios colaboradores de Oiza, López-Sardá, Valdés, Vellés y Velasco. Incluso Paco Alonso, a quien muchos de los arquitectos cuyas obras aquí se publican consideran su hermano mayor, se mueve en un terreno no muy distante del que aquí hemos descrito; hubiese sido nuestro deseo contar con él en estas páginas pero ha sido materialmente imposible el conseguir su colaboración.

(Podríamos atrevernos a pensar que esta voluntad de modernidad como tecnología es ajena al fervor surgido en torno a la figura de de la Sota y que responde simplemente a una fe polémica en los principios del movimiento moderno que se ondea como bandera frente a cualquier posible actitud "post". Sería atractivo el que así fuera, pero apostaríamos con más confianza por la primera de las interpretaciones.)

Pero hay también en el grupo, y no podía ser de otro modo, rasgos de "post-modernismo" claros. Por un lado el impacto que Stirling tuvo en la Escuela de Madrid a fines de los sesenta y principios de los setenta y la seducción que se derivó del mismo está presente en algunas de las obras que aquí se publican. Los proyectos de algunas de las gentes afines a Oiza —sensible a tal influjo en los Concursos de las Universidades de Madrid y Bilbao y en su proyecto para el Kursaal— serán quienes más se resientan de una tal influencia. Otro claro síntoma son las posturas disciplinares que cabe detectar tanto en la obra de Antón Capitel y F. R. de Partearroyo como en la de Gabriel Ruiz Cabrero y Enrique Perea, en tanto que la tentación de los neo-racionalismos asoma en las obras de Campo Baeza, Fauquié y Bellosillo, e incluso en el proyecto para el Ayuntamiento de San José de Maite Muñoz y Juan Antonio Cortés. Por último, restos de una visión tecnológica que tiene su primer punto de arranque en Archigram, pero que luego se apoya en la "permisividad" de algunas arquitecturas americanas aparece en la obra de Junquera y Pérez Pita, y no lejos de una tal actitud estaría el pretendido populismo del último Daniel Zarza.

La atención que los jóvenes arquitectos madrileños prestan al mundo exterior queda, por tanto, reflejada en su obra y sería una de sus características más acusadas. Pero tendríamos que reconocer también que esta atención viene acompañada de una prudencia que les haría acreedores a la vieja sentencia deifica: nada en exceso. Equilibrio de fuerzas, que hace que sea difícil el adscribir el grupo a una de las tendencias que por ahí agitan y arremolinan las aguas de la arquitectura.

Hay que prestar atención a la alusión que hace a Francisco Alonso y su carácter esquivo lo que justifica su reiterada ausencia en casi todos estos compendios.

Los 28 arquitectos no numerarios de Rafael Moneo que no eran 28, eran algunos más:

Manuel e Ignacio de las Casas, Juan Navarro Baldeweg, **Alfonso Casares, Reynaldo Ruiz Yébenes,** Fernando Fauquie, **Javier Bellosillo, Chema González, Jerónimo Junquera, Estanislao Pérez Pita, Víctor López Cotelo, Carlos Puente, Javier Azofra, José Carlos Velasco,** Javier Vellés, José Manuel López-Peláez, **Alfonso Valdés, Ramón Cañas, María Luisa López Sardá,**

Javier Frechilla, Eduardo Sánchez, Francisco Rodríguez de Partearroyo, Antón Capitel, Enrique Perea, Gabriel Ruiz Cabrero, Alberto Campo Baeza, **Juan Antonio Cortés, María Teresa Muñoz y Daniel Zarza.** [25]

En 1996 aparece un texto de Antón Capitel, como muchos que sobre el tema ha escrito, tiulado *Hacia la modernidad: Madrid, 1940-1980* [26], estableciendo una relación entre la evolución de la Escuela de Madrid y la ciudad. De ese texto merece la pena aportar a la lista de este período algunos nombres que tuvieron gran influencia desde la escuela o la política y que hasta ahora no habían sido considerados como: **Vidaurre, Hernández Gil, Amezqueta, Yncenga, Salvador Molezún, Aroca, Seguí...**

Eduard Bru y José Luis Mateo en su nueva AEC [27], editada en 1984, se adentran en la década de los 70 y primeros 80 pero solo se arriesgan introduciendo el nombre de Manuel de las Casas (1940) junto al de Ignacio de las Casas, a los que ya citaba Rafael Moneo 6 años antes, y el de **José Ignacio Linazasoro** (1947), que a pesar de haber estudiado en Pamplona y Barcelona acabaría siendo catedrático de Madrid más adelante, y de los sevillanos con obra importante en Madrid, tiempo después, **Antonio Cruz** (1948) y **Antonio Ortiz** (1947).

Tuvo que ser un año después de la publicación del libro de Eduard Bru y José Luis Mateo y de la mano de Alberto Campo Baeza y de Charles Poisay, avalados por Kenneth Frampton, en 1985, cuando se elaborara una lista especialmente arriesgada de los jóvenes arquitectos que destacaban en España a mediados de los años 80. De esa relación se extraen los nombres de 50 arquitectos relacionados con Madrid. Supone un gran acierto que menos de la mitad se hayan

[25] MONEO, Rafael; *28 arquitectos no numerarios.* Arquitecturas Bis 23-24. 1978

[26] CAPITEL, Antón; "Hacia la modernidad: Madrid, 1940-1980", en: VV.AA.; *Madrid y sus arquitectos, 150 años de la escuela de arquitectura,* Comunidad de Madrid, Madrid, 1996.

[27] BRU, Eduard; MATEO, José Luis; *Arquitectura Española Contemporánea,* Barcelona, Gustavo Gili, 1984.

ido diluyendo y desapareciendo de la primera línea de actividad o influencia madrileña.[28]

Javier Aguilar (1955), **Gabriel Allende Gil de Biedma** (1952), **Sebastián Araujo** (1942), **Jaime Nadal** (1944), Amparo Berlinches (1946), Aritio Armada (1947), Manuel García García (1952), Alberto Campo Baeza (1946), Antón Capitel (1947), Alfonso Casares (1942), Reinaldo Ruiz Yébenes (1942), Antonio Cruz (1948), Antonio Ortiz (1947), Carmen Bravo (1943), Jaime Martínez Ramos (1942), José Ignacio Linazasoro (1947), Francisco de Gracia (1947), Francisco Javier Ceña (1947), Luis Felipe Ceña (1954), **Pedro Hierro** (1946), Jerónimo Junquera (1943), Estanislao Pérez Pita (1943), Víctor López Cotelo (1947), Carlos Puente (1944), María Luisa López Sardá (1948), José Carlos Velasco (1945), Álvaro Llano Cifuentes (1946), **Miguel Martín Escanciano** (1949), **Sara de la Mata** (1957), **Ignacio Mendaro** (1946), Juan Navarro Baldeweg (1939), **Francisco R. Partearroyo** (1948), **Andrés Perea Ortega** (1940), Jaime Pérez Aciego (1951), José Antonio Quesada (1952), Antonio Romero (1947), Gabriel Ruiz Cabrero (1946), Enrique Perea (1946), **César Ruiz Larrea** (1950), José Manuel Sanz Sanz (1959), Manuel Serrano Marzo (1955), José Luis Ramón-Solans (1951), Pilar Briales (1953), Ricardo del Amo Serrano (1954), Álvaro Soto (1958), **Emilio Tuñón** (1959), Javier Vellés (1943), **Ignacio Vicens** (1950).

La guía compartida entre Carlos Flores y Xavier Güell[29], alejándose mucho de la calidad e influencia de la primera publicación de Flores, en el apartado correspondiente a 1986-1996, solo aporta como nombres significativos a **Mariano Bayón**, Álvarez Sala, **Carlos Rubio Carvajal**, **Iñaki Ábalos** y **Juan Herreros**.

Ángel Urrutia en 1997 escribe su *Arquitectura española del siglo XX*[30] con vocación enciclopédica y bien estructurada pero sin aportaciones

---

[28] CAMPO BAEZA, Alberto; POISAY, Charles; *Young Spanish Architecture*, ARK Architectural Publications, Madrid, 1985.

[29] FLORES, Carlos; GÜEL, Xavier; *Arquitectura de España 1929/1996* (Guía), Fundación Caja de Arquitectos, Madrid, 1996.

[30] URRUTIA, Ángel; *Arquitectura española siglo XX*, ediciones Cátedra, Madrid, 1997.

significativas en cuanto a nombres importantes salvo en el capítulo
dedicado a las *Transformaciones en la arquitectura moderna*. En el
Índice solo cabe rescatar a **José Manuel Gallego** (1936) que estudió en Madrid y trabajó con Alejandro de la Sota. Resulta sorprendente que hasta el momento no hubiera aparecido en ninguna de las
fuentes consultadas. Dentro ya del apartado del libro dedicado al
"Foco madrileño", y aunque intercalados entre una sucesión espesa
de obras y autores vinculados con la administración, aparecen algunos nombres destacables. **Fuensanta Nieto** y **Enrique Sobejano,
Ricardo Sánchez Lampreave, Fernando Porras Isla** y **Federico
Soriano, Enrique Bardají, José María Ezquiaga, Ramón López
de Lucio** y **Agustín Hernández Aja, Juan Miguel Hernández
de León**, Ricardo Aroca, **Javier Ortega Vidal, Antonio Riviere,
Angel Fernández Alba, Javier** y **Pedro Feduchi, Salvador Pérez
Arroyo, Prada Poole, Luis Fernández Galiano,** que aparece aquí
por su colaboración en el Proyecto de Ordenación de Madrid Sur,
Luis Moreno Mansilla, Félix Cabrero, Carlos y **Francisco Javier
Climent, Juan Ignacio Mera, Samuel Torres, Sol Madridejos** y
Juan Carlos Sancho.

En el libro *Arquitectura del siglo XX: España*[31] publicado en el 2000
se suman los nombres de **Javier Revillo** y **María Fraile,** de **Javier
Maroto,** como asociado a Álvaro Soto, y de **Eduardo Arroyo**.

El Pabellón de España de la Bienal de Venecia del año 2000[32], comisariada por Alberto Campo Baeza, incluía una selección de arquitectos
jóvenes, de los que extraigo los de Madrid, que nos darán pie al final
de esta relación interminable y al principio de este libro, que comenza-
rá precisamente entorno al panorama madrileño a partir del año 2000.

Generación de alrededor de 40 años... **Jesús Aparicio Guisado,**
Juan Carlos Sancho Osinaga y Sol Madridejos, Emilio Tuñón y Luis
Moreno Mansilla, **Andrés Cánovas, Atxu Amann** y **Nicolás Maruri,
María José Aranguren** y **José González Gallegos, Beatriz Matos**

---

[31] VV.AA.; *Arquitectura del siglo XX: España.* Sociedad estatal Hanover y Tanais ediciones, Madrid, 2000.
[32] Bienal de Venecia 2000, Pabellón de España, Comisario: Alberto Campo Baeza. 2000.

y **Alberto Martínez Castillo, Fuensanta Nieto** y **Enrique Sobejano, Ángela García de Paredes** e **Ignacio García Pedrosa**, Ignacio
Ábalos y Juan Herreros.

Generación de alrededor de 30 años. **Raúl del Valle, Eduardo
Pérez Gómez, Juan Llorente** y **Miguel Ángel Sánchez, Andrés
Jaque** y **Miguel Bernardini, Iñaqui Carnicero** y **Alejandro Virse-
da, Héctor Fernández Elorza, César Jiménez Benavides** y **María
Hurtado de Mendoza** y **Julián Jiménez Benavides** y **José María
Hurtado de Mendoza, Manuel Sánchez Vera, Pedro Pablo Arro-
yo Alba, Antón García-Abril** y **Alberto Sixto Morell**.

En medio de la elaboración de este trabajo, concretamente en 2007,
se realiza una de las selecciones de arquitectos jóvenes más exhaus-
tiva de las analizadas hasta ahora, que nos puede dar pie a completar
la lista hasta la primera década del siglo XXI. *JAE. Jóvenes Arquitectos de España*[33], comisariada por Jesús Aparicio. Allí aparecen los
siguientes nuevos nombres con obra construida significativa junto a
algunos otros destacables de Madrid.

Victoria Acebo y **Ángel Alonso, Carmen Martínez Arroyo** y
Emilio y **Rodrigo Pemjeam, Izaskun Chinchilla, Churtichaga**
y **de la Cuadra Salcedo, Néstor Montenegro** e **Ignacio Borrego**
y **Lina Toro, Arturo Franco, José Luis León** y **Javier Bernalte,
Rubén Picado** y **María José de Blas, Marcos Parga** e **Idoia Otegui, José María Sánchez García, Luis Úrculo, Manuel Ocaña,
Miguel Guitart, José María García del Monte** y **Ana María Montiel, Daniel Díaz Font** y **Belén Martín Granizo**.

A partir de aquí, hasta completar los primeros 10 años del siglo XXI,
aparecen tres publicaciones destacables: Un 2G Dossier titulado
Jóvenes Arquitectos Españoles[34] y los dos libros que acompañaban
sendas exposiciones: *Una ciudad llamada España*[35], comisariada por
Manuel Blanco, y *Arquitectura Española 1975-2000. 35+ "Construyendo*

[33] APARICIO GUISADO, Jesús María; *JAE, Jóvenes Arquitectos de España*, Ministerio de
Vivienda, Madrid, 2007.

[34] 2G DOSSIER; *Jóvenes Arquitectos Españoles*, Gustavo Gilli, Barcelona, 2009.

[35] BLANCO LAGE, Manuel; *Una ciudad llamada España*, SEACEX y Gustavo Gilli, Madrid, 2010.

en Democracia"[36] editado por Antonio Ruiz Barbarín. Durante este período las selecciones, exposiciones y premios son múltiples extendiendo excesivamente la lista. He preferido seleccionar algunos nombres más recurrentes y con alguna obra construida, para resumir.

Efrén García Grinda y Cristina Díaz Moreno, Óscar Rueda y María José Pizarro, Luca Brunelli y María Auxiliadora Gálvez, Javier García Germán, Eduardo Navadijos, Belinda Tato y José Luis Vallejo y Diego García Setién, Belén Moneo, José Selgas, Lucía Cano, Ruiz Barbarín, Diego, Gonzalo, Alfonso y Lucía Cano Pintos, José María Lapuerta y Carlos Asensio, Carmen Espegel, Rafael de la Hoz Castanys, Francisco Burgos y Ginés Garrido, Ramón Andrada, Alberto Nicolau, Jesús Ulargui y Eduardo Pesquera, César Ruiz Larrea, Luis Martínez Santa María y Blanca Lleó. Sorprende sin embargo la ausencia hasta el momento de **Jacobo García Germán** o de **Javier Fresneda** y **Javier San Juan** que, a pesar de no aparecer en estas recopilaciones, han sido ampliamente publicados en otros medios y por ese motivo se incluyen aquí. He decidido frenar en este punto puesto que la lista se podría multiplicar exponencialmente, pero tengo que citar un libro publicado en 2001, aunque escrito en 2000 *–El moderno en España: Arquitectura 1948-2000* de Gabriel Ruiz Cabrero[37]–, que recoge una pequeña obra de uno de los más importantes arquitectos madrileños de los últimos 50 años. Arquitecto que misteriosamente no aparece publicado en ningún compendio hasta esa fecha salvo en una cita del texto de Rafael Moneo *–28 arquitectos no numerarios en 1978–*. Me refiero a **Francisco Alonso de Santos.** Después de este "precipitado conjunto de valores"[38], como diría Fernando Chueca para referirse a la formación de las ciudades, termino con esta lista extraída de lo más significativo de las fuentes consultadas para que nos sirva de referencia en el seguimiento de este libro. La relación de nombres se produce según han ido apareciendo en el entorno documental.

---

[36] RUIZ BARBARÍN, Antonio; *Arquitectura Española 1975-2000. "Construyendo en Democracia"*, Fundación ACS, Madrid, 2010.

[37] RUIZ CABRERO, Gabriel; *El Moderno en España: Arquitectura 1948-2000*, Tanais ediciones, Madrid, 2001.

[38] Ver entrevista a Fernando Chueca Goitia en DISCUSIÓN | TESTIMONIOS.

HABLAN LOS ARQUITECTOS
¿Una escuela de Madrid?

M.T. Muñoz

Dentro de nuestra complejidad, en el fondo los arquitectos de Madrid somos más parecidos de lo que aparentamos ser o, incluso, de lo que creemos ser. En este capítulo se pretende resumir, de la manera más clara y limpia, un pensamiento coral y sorprendentemente coincidente. Coincidente en el fondo, no en la forma.

Todo el mundo quiere aparentar algo, pero en realidad aparenta otra cosa. Y eso es lo que la gente ve. Ves gente por la calle y lo que notas esencialmente en ellos es la grieta...[1]

En 1994 María Teresa Muñoz ya anticipaba algunos rasgos comunes del discurso de nuestros arquitectos. En sus conversaciones con Juan Daniel Fullaondo publicadas por la editorial Molly bajo el nombre *Historia de la arquitectura contemporánea española* tomo III escribe:

El círculo de hierro que encierra, aprisiona, a la crítica de la arquitectura española contemporánea es, sin embargo, muy difícil de romper, comenzando porque son muchas veces los propios arquitectos los que contribuyen a fortalecerlo...La consabida cantinela de "hacer en cada momento lo más adecuado", "conjugar la modernidad con la tradición", "el respeto a los materiales", "la exactitud en las plantas y en los alzados", etc., etc., además de la "humildad", "renuncia a la fama y los valores de moda",

[1] MODEL, Lisette; Exposición y catálogo Madrid, Fundación MAPFRE. 23 septiembre 2009-10 enero 2010

"huida de la arquitectura que apesta a citas eruditas", esconde a lo mejor una bienintencionada alabanza genérica de los personajes y, a lo peor, una malintencionada neutralización de valores más profundos y también más parciales de estas arquitecturas. Incluidos sus defectos, que los hay.[2]

Es evidente que María Teresa Muñoz lanza un guante hacia la crítica solicitando una lectura profunda y particularizada de las obras construidas frente a una visión autocomplaciente de las intenciones de los arquitectos.

Lo cierto es que gran parte de estas evidencias y algunas otras se pueden constatar en este trabajo que pretende organizar esas coincidencias del discurso madrileño sin recurrir a la crítica, por el momento, sin recurrir a una valoración sobre su obra construida, obra que efectivamente, como apunta María Teresa, merecería una lectura individualizada por su disparidad. Pero esa es otra historia.

Para continuar con el tono distendido de las conversaciones recogidas en este trabajo doctoral situémonos en un territorio semántico comprensible.

Por qué no comenzar este análisis con la visión de Xavier Rubert de Ventós, que no es de Madrid pero es comprensible, próximo y catedrático de Estética de la Universidad Politécnica de Cataluña –recién nombrado catedrático en Barcelona cuando sentó allí su plaza de Elementos de Composición Rafael Moneo hacia 1971–. Por ejemplo, comenzamos con su pequeño libro amarillo de tapas blandas, *Filosofía* de *andar por casa*. En la página 117 nos habla sobre "materia oscura", "materia misteriosa".

Es curioso, pero es así: los hombres quedamos satisfechos cuando nos explican una cosa que no entendemos en términos que todavía entendemos menos; cuando nos "aclaran" un concepto con una terminología o locución que todavía nos resulta más enigmática y complicada.

–¿Qué no entiende cómo va el mundo, usted? ¿Pero no ve que se trata de un proceso estocástico de entropía difusa?

[2] FULLAONDO, Juan Daniel; MUÑOZ, María Teresa; *Historia de la Arquitectura Española Contemporánea*, Tomo III, Molly, Madrid, 1997, p. 28.

–¡Ah! Debe ser eso.

No tendría sentido tratar de explicar lo que ignoramos y pretender disfrazarlo de conocimiento. Esta actitud abierta y sincera es la que se extrae de tantas conversaciones programadas y tertulias improvisadas a lo largo de los últimos quince años. Las reflexiones vertidas por un importante grupo de arquitectos relacionados con la Escuela de Madrid han sido rescatadas, al vuelo, y se han ido decantando de manera natural. Se han ido situando en pequeños compartimentos afines. Compartimentos que nos definen pero que mantienen sus puertas abiertas a otras interpretaciones.

No, no es ninguna broma –escribe Rubert de Ventós–. Véase si no cómo explican las revistas y los periódicos el descubrimiento sobre el origen y la composición del Universo realizado gracias al telescopio de Wilkinson: "Sólo el 4% del Universo está formado por materia ordinaria, como la de los astros y los seres vivos. El resto se divide en un 23% de una materia oscura que los científicos no han conseguido desenmascarar y un 73% de materia misteriosa que saben que existe pero que no saben qué es. Ésta es la composición que explica el origen y el destino del Universo". O sea, que todo queda claro si entendemos este mundo como la suma de una materia oscura que no vemos, más una materia misteriosa que desconocemos. ¡Válgame Dios![3]

En una conversación informal, como muchas de las que aquí se han recogido, José Antonio Corrales incide sobre el mismo tema, sobre lo intangible, sobre aquello que se escapa a una mirada racional.

Por mucho que racionalices el proceso del proyecto, hay un momento en el que tienes que fiarte de la intuición. Una vez leí a alguien que definía el arte como "una aproximación al misterio". Y es cierto. Estamos rodeados de misterios aunque nunca hablamos de ellos. Esta silla, por ejemplo, está formada por partículas subatómicas con trayectorias libres...

El hecho de que a cada uno le emocione una cosa diferente es un misterio en sí mismo. El otro día estuve en una conferencia del Instituto de España

---

[3] RUBERT DE VENTÓS, Xavier; *Filosofía de andar por casa*, Sexto Piso, México D.F., 2009, p. 117.

J. A. Corrales

sobre macrocosmos y microcosmos. Y me sorprendió escuchar a nuestros científicos hablar con rotunda seguridad de una cosa tan insegura como lo que sucede en esos campos. Yo creo que somos demasiado seguros. Si pensáramos más en los misterios que nos rodean, seríamos menos vanidosos.[4]

Mariano Bayón comienza hablando de lo mismo, de nuestras inseguridades.

El mundo del arquitecto como el de cualquier artista es una oscuridad. Vas andando, vas trabajando, te vas expresando. No sabes muy bien lo que está pasando.[5]

Como apunte, traigo este consejo sarcástico de un personaje excesivo que, en muchas ocasiones, estuvo a la altura de su propia arquitectura.

¿Sabes cuál es la principal asignatura que falta en la Escuela? –me preguntó un día Fernando Higueras– ¡El cuento! Yo creo que el talento en arquitectura, en pintura o en escultura es solo un 20%. Se necesita un 80% de cuento. Hay que saber venderse y hablar con petulancia, de forma que la gente apenas te entienda y piense que eres muy interesante.

[4] Extracto de la conversación mantenida entre José Antonio Corrales (1921) y Arturo Franco en el Círculo de Bellas Artes de Madrid el 29 de octubre de 2002. Documento grabado y transcrito.

[5] Extracto de la conversación mantenida entre Mariano Bayón (1942) y Arturo Franco en el Círculo de Bellas Artes de Madrid el 5 de diciembre de 2002. Documento grabado y transcrito.

M. Bayón   F. Higueras

Por supuesto, no estaba hablando de sí mismo.

Como a todos nos ha faltado esa asignatura no conviene practicarla ahora para exponer el análisis de esta tesis doctoral. Una tesis doctoral apoyada en la experiencia. En la experiencia directa y sincera de más de cien arquitectos de Madrid.

En cambio, mi amigo Antonio López García, –continuaba Fernando Higueras–, desde mi punto de "bestia" el mejor pintor del presente, del pasado y del futuro, me dice cuando vamos a una exposición:

–Esto es un pestiño.

Y eso es suficiente. No hay que hablar con petulancia... Y en arquitectura, lo mismo:

–¿Qué te parece este edificio?

–Una cagarruta....

–¿Por qué?

–Porque es antiguo, sin más.[6]

Comenzamos con las coincidencias. Como si en aquella conversación Ricardo Aroca también hubiera estado presente, continúa con esa reflexión.

[6] Extracto de la conversación mantenida entre Fernando Higueras (1930) y Arturo Franco en el Círculo de Bellas Artes de Madrid el 15 de octubre de 2002. Documento grabado y transcrito.

Ese es uno de los problemas de los arquitectos: hablamos de manera que la gente no nos entiende. Y, si queremos que la gente nos entienda, debemos esforzarnos por hablar el mismo lenguaje que ellos. Detrás de los discursos oscuros, generalmente se esconde el miedo a que lo que uno dice tenga poco contenido...[7]

No muy lejos de lo que apuntaba Goethe cuando escribía que ciertos libros parecen haber sido escritos no para aprender de ellos sino para que se reconozca lo que sabía su autor.

Sin desviarse de lo que nos ocupa aunque centrándose especialmente en las obras que producimos y no tanto en cómo las contamos, Antón Capitel se desahoga.

Ahora hay mucha farsa, mucho cuento, mucha publicidad y mucha mierda, con perdón. Mucha arquitectura que tiene prestigio no debería tenerlo. No son momentos claros para la arquitectura. –Capitel considera que vivimos un momento especialmente ecléctico. Al menos en 2004, momento en que se produjo esta conversación–. *El eclecticismo, por un lado, es positivo, porque elimina el sentido doctrinario de las cosas, aporta la ventaja de la diversidad. Las cosas tienen que estar bien, no tienen que ser racionalistas o cualquier otra cosa. Tienen que estar bien pero, por otro lado, crea mundos muy confusos y procelosos con abismos y lugares donde perderse... Ahora, el mundo no es sencillo y la arquitectura es una profesión difícil donde hay que hacerse mucha publicidad, fingir que uno es un genio... Y todo eso nos ha llevado a un mundo de ficción que no existía hace 30 años.*[8]

Sirvan estas palabras de Antón Capitel para justificar algunas citas de este trabajo extraídas, con matices, de conversaciones sin ánimo de trascender al papel.

[7] Extracto de la conversación mantenida entre Ricardo Aroca (1940) y Arturo Franco en el Círculo de Bellas Artes de Madrid el 21 de enero de 2003. Documento grabado y transcrito.

[8] Extracto de la conversación mantenida entre Antón Capitel (1947) y Rosa Urbano, y moderada por Arturo Franco en el Círculo de Bellas Artes de Madrid el 4 de marzo de 2004. Documento grabado y transcrito.

A. Capitel

Por otro lado, nada de lo recogido en este texto destila la seguridad asombrosa, hoy vanidad, de un maestro del renacimiento cuando nos hablaba de las basílicas de su tiempo y de los dibujos de la de Vicenza. Me refiero a Andrea Palladio colocando sus obras a la altura de las más bellas de la historia.

Y hay otra en Vicenza, cuyos dibujos solamente he puesto aquí, porque los pórticos que tiene alrededor son de mi invención y porque no dudo que esta fábrica pueda ser comparada a los edificios antiguos e incluida entre las principales y más bellas fábricas que hayan sido hechas desde los antiguos hasta ahora, tanto por la grandeza y los ornamentos, como por los materiales, todos de piedra viva durísima; las piedras han sido trabadas y unidas con suma diligencia.[9]

Del mismo modo, este texto pretende alejarse de Laugier y de sus sermones en la Iglesia de Saint-Sulpice, allá por 1755, y comenzar muy lejos de su doctrina cargada de convicción, hablando sobre la arquitectura envuelta en un manto de moralidad y certezas y que comenzaba con semejante presunción:

Quisiera persuadir a todo el mundo de una verdad de la cual estoy seguro.[10]

[9] PALLADIO, Andrea; *Los cuatro libros de arquitectura*, Trad. esp.: Luisa de Aliprandini y Alicia Martínez Crespo, Akal, Madrid, 1988, pp. 325-326.

[10] LAUGIER, Marc-Antonie; "Ensayo sobre la arquitectura". En: HEREU, Pere; MONTANER, Josep María; OLIVERAS, Jordi; *Textos de arquitectura de la modernidad*, Nerea, Madrid, 1994, p. 21.

Aunque a día de hoy esta cita pueda parecer ventajista, conviene recordarla, para olvidarla más adelante.

Sin embargo, yo no estoy muy seguro de lo que he visto, pero lo que he visto es que las ideas que todos estos arquitectos han confesado, sus experiencias y sensaciones, se han ido desprendiendo de atributos y han marchado independientes para reunirse con sus afines, para formar un todo, un pensamiento único y abierto. Tal vez una cierta identidad.

De lo que se puede considerar un trabajo continuo y escrito desde el interior, han ido apareciendo unos pedazos autónomos, frases sueltas, opiniones de una serie de maestros, profesores y profesionales. Esos fragmentos de pensamiento han ido acomodándose solos, en su lugar, formando grupos, poco a poco, con el tiempo, dando la razón a Aristóteles cuando describía los secretos de la Física.

Es razonable que cada cuerpo se desplace hacia su lugar...porque los cuerpos que llegan a estar sin violencia en sucesión y contacto son congéneres, y no se afectan entre sí cuando por naturaleza están juntos...

Y no sin razón toda cosa permanece por naturaleza en su lugar propio, ya que cada parte está en el lugar total como una parte divisible en relación al todo, como es el caso.[11]

A esos cajones, a esos cuerpos, a esos compartimentos cargados de diferentes experiencias se les ha colocando unas etiquetas para poder recurrir a ellos con mayor facilidad. Así han aparecido cuatro: El cajón de la oportunidad, el del orden, el del compromiso y el de la contención.

Por un lado el cajón de los caminos que nos llevan a descubrir la oportunidad oculta (oportunidad), por otro lado maneras de ordenar o desordenar nuestro pensamiento y nuestro trabajo (orden), en otro compartimento encontramos el grado de compromiso ético hacia la arquitectura y hacia todo lo demás (compromiso), y más allá una cierta contención frente a nuestras propias debilidades y excesos (contención).

Pero más que lo que vemos y leemos es lo que vemos, leemos y oímos

---

[11] ARISTÓTELES; *Física*. Trad. y notas de Guillermo R. De Echandía, Planeta de Agostini, editorial Gredos, Madrid, 1995, pp. 110-165.

y por eso este texto es indivisible de los documentos sonoros que lo acompañan en origen.

OPORTUNIDAD
Sobre la inspiración, la intuición, la emoción,
los sentidos, la conciencia, la razón, el método,
la ciencia o la poética.

La oportunidad entendida como el instante o los instantes en los que se descubre el camino a seguir dentro del proceso arquitectónico. Durante la construcción, durante las fases de proyecto, ideación o incluso antes. Un momento al que se llega a través de distintos caminos y que en la mayor parte de los casos se describe como algo que aparece entre la razón y la emoción.

Como primeras notas de este capítulo, recorto unas palabras de Antonio Miranda emitidas en privado durante el invierno de 2004 y transcritas directamente.

Nosotros no somos filósofos y de ellos debemos aprender. No hablamos de la VERDAD, con mayúsculas. Hablamos de verdades, con minúsculas. Verdades concretas, verdades pragmáticas.

Los poetas hablan muy poco de poética. García Lorca, cuyas obras completas de poesía alcanzan las 2.000 páginas, solo tiene media página dedicada a la poética. Media página, en la que dice, más o menos: "He llegado a ser poeta por la gracia de Dios, o por una broma del diablo, pero desde luego por la técnica, por el estudio y porque sé, de un modo cuantitativo y riguroso, la diferencia entre un poema y una colección de versos". Eso es lo que hace que se pueda distinguir a un poeta desde un punto de vista crítico. Aunque a mí me interesa más la opinión de Coleridge, quien dijo que un poeta es el que nos hace sentirnos poetas.[12]

[12] Extracto de la conversación mantenida entre Antonio Miranda (1942) y Arturo Franco en el Círculo de Bellas Artes de Madrid el 5 de febrero de 2004. Documento grabado y transcrito.

A. Miranda

Francisco Alonso sitúa también la arquitectura en un área mayor que no pertenece exactamente a la razón ni a la emoción, pero las contempla.

Siempre mantengo que la arquitectura no es una ciencia, ni mucho menos, más bien sería una no ciencia, una no ciencia que no está ni siquiera en estado larvario, que no será nunca ciencia. Tampoco es un arte, es un no arte. La arquitectura es un saber, no está atada a la justificación teleológica de la ortogénesis de las ciencias ni al misticismo representativo de las artes, sino que es un saber como la medicina clínica o la economía política. Es un poso sustancial de saberes múltiples, de recetas, de decisiones morales, de experiencias... Eso la hace mucho más grande porque exige una parresia, exige decir la verdad: una calidad moral imprescindible en el arquitecto.

A través de las palabras de Francisco Alonso y Antonio Miranda podemos entender, al menos desde el punto de vista de la filosofía manejada durante los primeros años setenta, de dónde vienen nuestras coincidencias y dónde surge la oportunidad. De un lugar intermedio de nuestra realidad que transita entre la ciencia y los sentidos, entre la razón y la emoción, entre el estudio, el trabajo y la intuición. Entre la teoría y la práctica. En el ámbito de la poética. En ese área de equilibrio inestable nos encontramos. Y especialmente nos encontramos los arquitectos de Madrid.

F. Alonso

Del fondo común de la arquitectura como lenguaje nacen las dos líneas filosóficas importantes –aclara Francisco Alonso–, el positivismo y la fenomenología.

La filosofía de la razón formal y la filosofía de la conciencia. El abandonar esta última es fatal.[13]

En el espacio comprendido entre estas dos corrientes podría estar la clave de las primeras aproximaciones teóricas que nos ayudarán a encontrar una raíz común. El positivismo y la fenomenología.

De otra manera, Antonio Miranda, debido a nuestras limitaciones teórico-filosóficas, considera que nos vemos obligados a manifestarnos, en términos lingüísticos, haciendo uso de la fenomenología y el estructuralismo. Corrientes más comprensibles y menos exigentes desde el punto de vista abstracto.

Para los no iniciados, como yo, en la filosofía contemporánea, se ha recurrido sistemáticamente al diccionario de filosofía de José Ferrater Mora, referenciado en la bibliografía, para precisar todos estos conceptos.

[13] Extracto de la conversación mantenida entre Francisco Alonso y Arturo Franco en el Círculo de Bellas Artes de Madrid el 2 de diciembre de 2004. Documento grabado y transcrito.

*Los arquitectos somos unos patanes a la hora de analizar nuestra disci-
plina desde un punto de vista abstracto teórico-filosófico –habla Antonio Miranda–. Tenemos unas dificultades que vienen dadas en parte
por nuestra propia disciplina y en parte por nuestra limitación. Por ello
hemos escogido ese camino que relaciona en cierta medida la fenomenología, que es un materialismo limitado pero útil, y el estructuralismo,
que es una geometría también limitada; y ambas disciplinas coinciden
en una mecánica de carácter lingüístico. Y distinguimos, naturalmente,
entre arquitectura metafórica y metonímica.*[14]

Como es evidente y debido a *nuestras* "limitaciones" este trabajo se
desarrollará a través del camino inevitable apuntado por Miranda.
Confiando en la fenomenología y el estructuralismo. Para el positivismo eficaz no estamos preparados, aunque forme parte de nuestra
raíz y de nuestros anhelos. Al menos así lo explica Francisco Alonso.

*Yo creo que la dificultad de la arquitectura no es solamente práctica sino
también teórica. Hablemos, por ejemplo, de la arquitectura española.
La dificultad práctica es clarísima, ser arquitecto español es una contradicción "in terminis", es decir, es como una imposibilidad de fondo,
no hay una cultura, no hay una formación tecnocientífica firme. Los
tres momentos más importantes han sido perdidos: la Ilustración, un
momento intenso y del que solo nos quedan señales; el momento de la
República y la Institución Libre de Enseñanza, la segunda etapa de esperanza, de la que surgieron muchas cosas, por ejemplo, nuestro único
sabio, don Ramón y Cajal, como un daimón fundamental; y, probablemente, el momento actual. Si repasamos la obra de Feijoo, nos damos
cuenta de cómo explica cuáles son las dificultades de España frente al
retraso en sus formaciones científicas, el conocimiento de la naturaleza,
etcétera. Y son las mismas dificultades que tenemos hoy, exactamente las mismas. Desde un punto de vista práctico, podríamos decir que
España no es un país de arquitectos.*[15]

---

[14] Extracto de la conversación mantenida entre Antonio Miranda (1942) y Arturo Franco
en el Círculo de Bellas Artes de Madrid el 5 de febrero de 2004. Documento grabado y
transcrito.

[15] Extracto de la conversación mantenida entre Francisco Alonso y Arturo Franco en el Círculo de Bellas Artes de Madrid el 2 de diciembre de 2004. Documento grabado y transcrito.

Podríamos concluir entonces, sin retroceder a corrientes filosóficas anteriores, que los arquitectos de Madrid partimos del positivismo como un anhelo y al descubrir nuestras limitaciones y las del propio movimiento filosófico recurrimos a la fenomenología, al estructuralismo y a todas sus derivaciones para cobijarnos a la hora de hablar de arquitectura o de explicar cómo hacemos arquitectura. Básicamente porque nos permiten admitir la evidencia y la intuición y eso nos tranquiliza cuando no encontramos argumentos por medio de la razón. Al abrigo de las segundas, la fenomenología y el estructuralismo, recordamos que pertenecemos, en origen, a la primera, el positivismo. Así, entre ellas, nos movemos permitiendo que asomen en nuestro trabajo y en nuestros pensamientos las unas y las otras, muchas veces de manera inconsciente.

Sin embargo, para hablar de nuestras propias sensaciones como arquitectos, nos movemos cerca del existencialismo. Esto nos autoriza a recurrir al misterio y a lo metafísico, a lo insignificante de nuestro ser, a reconocer nuestras propias singularidades. Permítanme acudir por primera y última vez a estas justificaciones de la conducta y el pensamiento colectivo ya que forman parte de nuestra cultura reciente. Esta argumentación viene heredada de aquellas lecturas comunes en Madrid durante mediados de los años 60 y primeros 70 según palabras de Rafael Moneo –Zevi, Guideon, Pevsner, Banham o Gropius– y transmitidas hasta hoy por una serie de profesores que comenzaban entonces su trayectoria académica y que han servido como puente entre los grandes maestros y las últimas generaciones.

Es en este territorio donde surgen las oportunidades, al menos donde somos capaces de verlas. Donde aparece la arquitectura. Donde nacen los proyectos y evolucionan las obras. En ese lugar intermedio, en ese no lugar.

Pero abandonemos ya esa justificación filosófica que parece olvidada aunque pertenezca indiscutiblemente a nuestra genealogía cercana y centrémonos en una colección de testimonios válidos que no harán sino confirmar de una manera menos rigurosa pero más evidente estos temas. Vamos en definitiva a refugiarnos en lo fenomenológico.

M. Bayón

Mariano Bayón pone en cuestión la fragmentación del conocimiento y su disociación con lo específicamente humano hasta tal punto que reconoce emociones en la técnica elemental ausente de toda belleza convencional.

Yo no comprendo esa separación entre cuerpo y alma. Le comentaba hace poco a mis alumnos: "A mí me parece de una altísima poética una bajante..."

Para explicarlo recurre a sus últimas lecturas sobre física teórica, física cuántica y neuropsicología que considera como partes de su propio pensamiento.

¿Por qué hemos dividido el entendimiento arquitectónico cuando, por el contrario, los diferentes campos del conocimiento están interrelacionados? Lo explica David Bohm en su libro La totalidad y el orden implicado, donde se demuestra que es necesario unir las distancias entre los agentes operantes en la concepción de las cosas que usamos. En Europa, hubo un momento suicida en que se separaron las funciones de la arquitectura entre las Bellas Artes y lo técnico. Apareció lo Beauxarts y el Politécnico. Esto me parece una absoluta falacia en tanto en cuanto es imposible separar estos ámbitos. En cambio, la separación sigue existiendo y, además, radicalizándose. La arquitectura actualmente está decantada por el beauxartismo, y esa actitud no tiene nada que ver con la demarcación real del arquitecto.[16]

[16] Extracto de la conversación mantenida entre Mariano Bayón (1942) y Arturo Franco

J. Aparicio

Por otra parte y en otro momento Jesús Aparicio explica sus objetivos ayudándose de una metáfora matemática, científica, exacta. Para eso incluye en su método de trabajo, en su ecuación, el mismo número de variables que de objetivos arquitectónicos. Es un intento racional de explicar la arquitectura.

A mí me interesa llevar las ideas al límite. Y si para conseguirlo tengo que llevar al límite el material, al límite la sección... Entonces lo hago. Esto es como un problema matemático donde hay incógnitas y ecuaciones, y tienes que encontrar el mismo número de incógnitas que sistemas de ecuaciones para no hacer el problema imposible o con varias soluciones. Y a mí no me valen los problemas imposibles ni los que tienen varias soluciones. A mí me vale la solución. Y eso se consigue igualando incógnitas con ecuaciones.

Sin embargo, más adelante, acepta la aparición de la intuición, aunque sin desvincularla del conocimiento, de lo aprendido.

Muchas veces la intuición es un acto reflejo del conocimiento. Se produce cuando pensamos tan rápido que no nos damos cuenta...[17]

Conviene recordar que estas citas son recogidas de una conversación

en el Círculo de Bellas Artes de Madrid el 5 de diciembre de 2002. Documento grabado y transcrito.

[17] Extracto de la conversación mantenida entre Jesús Aparicio (1960) y Arturo Franco en el Círculo de Bellas Artes de Madrid el 9 de enero de 2003. Documento grabado y transcrito.

F. Higueras

y no contienen la precisión de un texto madurado y reflexivo. Ahí radica su interés, su espontánea sinceridad y su lenguaje coloquial. Como la que a continuación nos presta Fernando Higueras.

Como me decía mi amigo Andrés Segovia, que tanto me envidiaba porque yo tocaba la guitarra mejor que él: "Fernando, el arte no es solo un problema de inspiración, sino de transpiración". Y es verdad. Un buen proyecto de arquitectura no es un problema de inspiración, sino de transpiración.[18]

Lo más inquietante de este trabajo es descubrir cómo arquitectos que producen obras tan aparentemente distantes son capaces de aproximarse tanto en sus reflexiones y manejan los mismos conceptos. Eduardo Arroyo, perteneciente a otra generación más joven plantea el camino al revés, desde la emoción a la razón científica. Una razón científica para la que ha encontrado sus propias herramientas. Eduardo Arroyo tenía 39 años cuando mantuvimos esta conversación.

El alma y la precisión, junto con la independencia, son las únicas partes de nuestro trabajo que me interesan. La sensibilidad es la parte del alma del arquitecto que refleja nuestra manera de ver el mundo. Después está

[18] Extracto de la conversación mantenida entre Fernando Higueras (1930) y Arturo Franco en el Círculo de Bellas Artes de Madrid el 15 de octubre de 2002. Documento grabado y transcrito.

E. Arroyo   A. Campo Baeza

la parte cientificista, traducir esa parte anímica a unos hierros. Y eso, para mí, es la precisión, que se establece con unos elementos de trabajo que en mi caso son algoritmos, elementos de desplazamiento, cadenas genéticas, sistemas de identificación de códigos...[19]

En este caso, no hay mucha distancia entre las palabras de Eduardo Arroyo y las de Alberto Campo Baeza, no podríamos decir lo mismo de sus obras.

Porque, aunque no sea joven en edad, tengo la sensación de que prácticamente estoy empezando. No tengo grandes seguridades en arquitectura. Solo estoy convencido de algunas cosas, por ejemplo, de que la arquitectura es una operación básicamente lógica: conseguir la belleza a través de la lógica y la razón.

El arma fundamental para la creación arquitectónica es pensar —continúa Campo Baeza—. Cuando yo titulo mi libro de textos La idea construida, lo hago porque la operación de la arquitectura es una operación de pensamiento, como cualquier operación creadora. Al mismo tiempo, muchas veces me siento muy próximo a la poesía. Mallarmé decía que era necesario tener una buena idea poética, y que después era necesario tener las palabras. Un ejemplo más bonito es el último texto que publicó

[19] Extracto de la conversación mantenida entre Eduardo Arroyo (1964) y Arturo Franco en el Círculo de Bellas Artes de Madrid el 18 de noviembre de 2004. Documento grabado y transcrito.

M. Fisac   J. Carvajal

María Zambrano antes de su muerte en la Revista Atlántica de poesía, una revista que se edita en Cádiz. Es un texto corto que termina con las palabras: "Al final, la poesía no es más que la palabra combinada con el número". Y la arquitectura también: es el espacio combinado con el número. Sí creo que la arquitectura necesita de una enorme precisión como la poesía.[20]

Ajenos a todas las corrientes filosóficas que envolvieron la España de los primeros años 70, Miguel Fisac y Javier Carvajal, no pueden exponerlo de manera más clara. Pioneros de una arquitectura de posguerra y sin apenas hermanos mayores que les transmitieran los misterios del oficio han llegado a estas conclusiones en base al estudio y sobre todo a la experiencia.

Comienza Miguel Fisac.

Lo que pasa es que hay una parte, no ya de la arquitectura, sino de todo arte que es una expresión de sentimientos y eso tiene un factor inconsciente del que, como tal, ni tú mismo te das cuenta... Así que puedes saber mucho de muchas cosas pero, al final, sale algo en lo que tú ni siquiera habías pensado... No es algo tan consciente. Por eso lo de los estilos y esas historias es algo que no...

[20] Extracto de la conversación mantenida entre Alberto Campo Baeza (1946) y Arturo Franco en el Círculo de Bellas Artes de Madrid el 18 de marzo de 2004. Documento grabado y transcrito.

J. A. Corrales

Yo estoy de acuerdo con Miguel –apunta Javier Carvajal–. No se trata de saber de historia de la arquitectura. Se trata de sentir la arquitectura. Lo cual es muy distinto... La erudición es otra cosa.[21]

José Antonio Corrales, 8 años más joven que Miguel Fisac, al hilo de una exposición conmemorativa de BD muebles en la que participaba a los 81 años, nos da su opinión sobre cómo intervenir tanto en espacios interiores como en edificios de nueva planta.

Para mí, la premisa fundamental de toda decoración de interiores es la frescura y la libertad. Las líneas hay que seguirlas hasta un punto, pero entonces es necesario romper; tanto en decoración como en arquitectura. Es decir, si tú rellenas un espacio rigurosamente con muebles modernos, para mí adolece de un punto de contraste, de un contrapunto que te haga apreciar esa modernidad. La decoración, definitivamente, debe tener intuición y libertad.

Resulta curioso descubrir cómo el discurso se vuelve limpio y claro, comprensible, cuando hablamos de los arquitectos de la primera o segunda generación de posguerra. Aquí José Antonio Corrales reivindica el papel fundamental de la intuición y la emoción en determinados momentos de un proceso creativo riguroso o racional.

[21] Extracto de la conversación mantenida entre Miguel Fisac (1913), Javier Carvajal (1926) y Arturo Franco en el Círculo de Bellas Artes de Madrid el 28 de septiembre de 2001. Documento grabado y transcrito.

Es un principio –continúa Corrales– que también aplico a mi arquitectura. La arquitectura se compone de una serie de sistemas: estructural, de cerramiento, eléctrico... Esos sistemas forman el edificio y tienen una línea rigurosa; no obstante, al llegar a un punto hay que romper.

Eso parece no suceder solo en el mundo de la arquitectura sino en cualquier campo de la creación, incluida la poesía, o la poética, como prefieren llamarla arquitectos más jóvenes.

Corrales habla de la poesía.

A mí me gusta la poesía, tanto leerla como escribirla. Yo escribo una poesía breve y de efecto inmediato, como cuando pones un color al lado de otro y salta la chispa. En cuanto una poesía es descriptiva, o tiene miga, me aburre. Mi poesía es un collage de palabras que chascan entre ellas.

Hay que buscar el chasquido también en la arquitectura. Si todos los elementos de un edificio siguen una misma línea, a ese edificio le falta el chasquido. La emoción es fundamental en el arte. Pero todos somos distintos... A unos les emociona una cosa y a otros otra. Es muy subjetivo.

Confío mucho en la intuición. Por mucho que racionalices el proceso del proyecto, hay un momento en el que tienes que fiarte de la intuición.[22]

Sumándose a esta sucesión de posturas que aceptan la convivencia entre razón y la emoción Ignacio Mendaro vuelve a recurrir a la poesía.

Hay muchos componentes dentro de nuestra trayectoria, de nuestras fibras sensibles, que son realidades que permanecen dentro de nosotros y que, en algún momento, se manifiestan.

Antes hemos hablado de la arquitectura como la suma de componentes funcionales y emocionales. Machado dice que en esta vida todo es cuestión de medida. Es decir, el equilibrio entre la función y la emoción es lo que hace la buena arquitectura. Machado puede ofrecerte las pautas para hacer buena arquitectura, y por eso podemos aprender de él.[23]

---

[22] Extracto de la conversación mantenida entre José Antonio Corrales (1921) y Arturo Franco en el Círculo de Bellas Artes de Madrid el 29 de octubre de 2002. Documento grabado y transcrito.

[23] Extracto de la conversación mantenida entre Ignacio Mendaro (1946) y Arturo Franco en el Círculo de Bellas Artes de Madrid el 21 de octubre de 2004. Documento grabado y transcrito.

I. Mendaro   M. de las Casas

Manolo de las Casas, otro manchego, como Fisac, defiende fundamentalmente el rigor del módulo en su trabajo retomando las normas de estricto cumplimiento del movimiento moderno.

Siempre utilizo el módulo de 0,90 desarrollado por Le Corbusier y mis proyectos siempre están modulados con el 0,30, el famoso pie. Las medidas antiguas basadas en el pie son antropomórficas y, por tanto, tienen mucho sentido para mí. Un pie es donde cabe una persona de pie. Uso el 0,30, el 0,90, el 1,20, el 1,80... Al mismo tiempo, en mi arquitectura siempre está presente la estructura que va a construir el edificio. Construcción y espacio tienen una relación biunívoca e intento que la estructura tenga una relación lógica con la forma espacial.

Pero no renuncia a aspectos más telúricos al referirse a una casa patio que construyó volcada al cigarral de Toledo y por la que ganó los Premios Antológicos de Castilla la Mancha en 2007. Dice partir de temas menos tangibles para luego aplicar su módulo.

Las galerías de los conventos y los recorridos se han plasmado en este proyecto. En la planta de abajo coloqué una galería, por un lado, para velar el intensísimo sol toledano creando una celosía que produjera sombra y, por otro, para que los hijos tuvieran su propio espacio al aire libre. En cuanto a los recorridos, siempre me ha atraído esa forma de visualizar el espacio procedente de la arquitectura árabe. Mientras que en las construcciones romanas se puede percibir todo el espacio con una sola mirada, en las árabes, muy asentadas en la meseta sur y en

*Andalucía, entras, subes, giras, vas descubriendo cosas a cada paso. Y
así ocurre en esta casa y en todas mis obras. Son sumas de rincones.
Otra cuestión que me interesa mucho es la de la penumbra. La forma de
captar la luz fue una obsesión del movimiento moderno desarrollado en
la Europa gris. Sin embargo, en España y en el mediterráneo son más
importantes las sombras, las penumbras. Las casas toledanas en general
siempre han sabido jugar con ellas.*[24]

Javier Revillo, con uno de los discursos más reflexivos y sólidos de
su generación, nos habla de su trabajo y sorprende su adscripción
sin reservas al mundo de la intuición. Al origen intuitivo de su arquitectura. Especialmente cuando analizamos la rigurosidad disciplinar
de su Recinto Ferial en Zamora.[25]

*Nosotros nunca hemos tenido nada claro... Empezamos a proyectar
nuestro edificio conforme al requerimiento del concurso y haciendo una
arquitectura adecuada para el Recinto Ferial. Recuerdo que, hace dos
o tres años, nos invitaron a María y a mí a una serie de conferencias
en Roma, junto con otros arquitectos españoles emergentes, para que
habláramos de nuestra arquitectura. Así que tuvimos que preparar un
informe de nuestros trabajos y reflexionar por primera vez sobre ellos,
sobre si estábamos siguiendo una línea específica o no. Y llegamos a
la conclusión de que estábamos llevando a cabo acciones puramente
intuitivas; nunca premeditadas. Cualquiera de nuestros edificios es
una respuesta instintiva a unos problemas determinados y, en ningún
momento, una adscripción lingüística o estilística a una fórmula que
haya funcionado previamente. Yo creo que cualquier proyecto acaba
siendo un descubrimiento único si te lo tomas como un ensayo, como
una búsqueda, igual que un escultor o un músico acaban por hacer un
descubrimiento si lo buscan sin fórmulas prefijadas.*

[24] Extracto de la conversación mantenida entre Manuel de las Casas (1940) y Arturo
Franco con motivo de la entrega de los Premios Antológicos de Arquitectura de Castilla la Mancha en julio de 2006. Documento grabado y transcrito. Entrevista publicada
en *C_LM. Castilla La Mancha. Arquitectura, Territorio e Identidad.* Edita Instituto Cervantes y
Fundación Civitas Nova. Madrid, 2006.

[25] Extracto de la conversación mantenida entre Javier Revillo (1959) y Arturo Franco
en el Círculo de Bellas Artes de Madrid el 12 de febrero de 2014. Documento grabado y
transcrito.

J. Revillo

Obviamente Javier Revillo se está refiriendo a las fases iniciales de ideación a las que luego se le suma un desarrollo riguroso de depuración disciplinar.

Reconozco que he sido un poco perverso y manipulador al traer a colación estos comentarios de Antonio Miranda que se produjeron bajo otras circunstancias. Con su vehemencia intelectual renuncia unilateralmente a la intuición para luego, hacerle un hueco como algo fundamental en el avance de lo tecnocientífico. Más adelante coincidiremos en las semejanzas entre Revillo y Miranda.

La espontaneidad y la intuición están muy bien para la danza. La persona que quiera expresarse y ser únicamente espontánea que se dedique a la danza; pero nunca a la arquitectura. El expresionismo en arquitectura se empieza a poner en tela de juicio ahora, porque a todos nos han parecido fascinantes las obras de Mendelsohn y de Aalto; pero, si se ven en el portaobjetos del laboratorio, se aprecian muchos fallos. El argumento es: "¿qué calidad tiene una cosa?". Pues la calidad que tiene es su cantidad de verdad. Porque la calidad en el sentido en el que tú la planteas es una calidad aristocrática en el peor significado de la palabra: "Nosotros, las élites, disfrutamos de la calidad y dejamos para la masa los temas de la cantidad". Yo no pienso así. Yo he aprendido del viejo Don Carlos – refiriéndose a Marx– y de otros sabios como Gramsci o Adorno, que son quienes a mí me han ilustrado, judíos heterodoxos como el propio Jesús de Nazaret, que la verdad es una asíntota. Y que esa asíntota está al alcance de cualquiera que quiera aproximarse a ella, porque

A. Miranda

se puede medir la cantidad de verdad. Este planteamiento lo traslado a la arquitectura con toda la justificación del mundo, porque ha habido gente como Adorno que lo ha aplicado al arte, que es un mundo al que yo no me acerco porque no sé tanto. Para acercarse, hay que saber mucha psicología, filosofía, teoría del arte...

Es aquí donde Antonio Miranda introduce la intuición con matices. La acepta siempre y cuando se contraste, se ponga a prueba.

Bergson trató el tema de la intuición con bastante intensidad en un libro. Y una vez tuvo un encuentro con Einstein. Allí estaba Einstein, el judío heterodoxo, como Spinoza, Marx o Wittgenstein, frente a Bergson, quien, con todos mis respetos, es un filósofo de casino. Y ambos llegaron a un pacto semántico. Aceptaron que la intuición era una suma de instinto y razón. Y Einstein dijo: "Efectivamente, sin la intuición poco podemos avanzar en la física". Es decir, con la lógica garbancera y el racionalismo utilitario de la pequeña burguesía trepadora no vamos a ningún sitio. De hecho, él siempre afirmaba que cualquier chico que se quisiese dedicar a la física en serio, lo primero que tenía que hacer era limpiar su mente de toda la basura de prejuicios y sentido común que le había inculcado su papá. Einstein reconoce que la física sin un impulso de olfato, de intuición, no avanza. ¡Pero la física para avanzar pone a prueba cada parte de esa intuición! Cada parte instintiva de esa intuición Y eso parece que los arquitectos no lo hacemos.[26]

[26] Extracto de la conversación mantenida entre Antonio Miranda (1942) y Arturo Franco

J. M. Prada Poole

O dicho de otro modo. José Miguel Prada Poole hace diez años, cuando solo contaba con sesenta y seis, nos explicaba lo mismo desde un punto de vista metodológico. Cualquiera dudaría de sus palabras atendiendo al alto grado de riesgo y espontaneidad de sus planteamientos arquitectónicos. Jonás, (1968), Instant City, Ibiza, (1971), Atlántida, (1983). Sin embargo, lo intangible tiene cabida aquí de una manera totalizadora a través de lo que él llama axiomas.

En el mundo de la ciencia se establece que, aunque tú hayas demostrado algo, si otro laboratorio independiente no puede reproducir esos mismos resultados no se aceptan como válidos.

Volvemos otra vez al método aristotélico: estructurar las preguntas de manera lógica y reproducible, de modo que cualquiera que parta de unas premisas determinadas y siga el mismo proceso pueda llegar de forma independiente a la misma conclusión. Ese es el método que va a dar lugar a todo el desarrollo de la ciencia. Ahí no hay fe, hay método. La fe estriba en los axiomas.

Las intuiciones son previas al método.

No necesariamente todos los finales a través del método son previsibles, depende del axioma que utilices. Todos admitimos que la ciencia es como Dios. Pero yo no estoy de acuerdo: el método es útil, pero varían las interpretaciones, los axiomas.

en el Círculo de Bellas Artes de Madrid el 5 de febrero de 2004. Documento grabado y transcrito.

A. Capitel   R. Moneo

En este punto vuelve a introducir la ambigüedad. La doble cara que él mismo reconoce tener.

Toda la estructura lógica que establece el mundo matemático tiene como resultado un sistema tan compacto que no hay verdades fuera de él. Con ese sistema se puede encontrar todo. Sin embargo, ahí está el teorema de Gödel que, gracias al lenguaje matemático, logra demostrar que no hay ningún sistema racional que si es completo sea consistente, ni ningún otro que siendo consistente sea completo. Lo que quiero decir con esto es que la emoción está fuera de todo sistema lógico.

Muchas veces, los arquitectos, como tenemos una pata en el mundo del arte y otra en el mundo de la ciencia, o del método –la construcción–, vivimos con una esquizofrenia que nos impide averiguar a qué mundo pertenecemos. Por eso yo prefiero ser como Hermafrodito, el dios griego mitad macho y mitad hembra, y sacar mayor partido y llegar a donde quiero llegar.[27]

Antón Capitel en uno de sus textos más autobiográficos y espontáneos nos recuerda sus experiencias con Rafael Moneo y lo que este opinaba en lo referente al método.

[27] Extracto de la conversación mantenida entre José Miguel Prada Poole (1938) y Arturo Franco en el Círculo de Bellas Artes de Madrid el 30 de noviembre de 2004. Documento grabado y transcrito.

A. Alonso E. García Grinda

Volviendo a Moneo dentro de este panorama, cuando una vez le pedimos un método, él contestó: "¿Conocen ustedes el artículo El huevo y el salmón, de Alvar Aalto?". No lo conocíamos, desde luego, y con ello quería decirnos que no hay método, claro está. De aquella lo leí yo –lo había publicado Fullaondo en "Nueva Forma"– y en verdad fue muy importante para mí, incluso más adelante; de él surgió, tantísimos años después, mi libro "Las formas ilusorias en la arquitectura moderna".[28]

Así podríamos continuar saltando de conversación en conversación atravesando las experiencias de más de cien arquitectos que han tenido presencia en Madrid para ir situando los puntos en los que se descubre la oportunidad. Un territorio indeterminado que oscila entre lo racional y lo emocional. Un equilibrio entre lo explicable y lo inexplicable.

Querría terminar este primer contenedor de coincidencias con dos arquitectos más jóvenes.

Ángel Alonso, hasta hace poco, director de la revista *Arquitectura* del Colegio Oficial de Arquitectos de Madrid, y Efrén García Grinda uno de los arquitectos de su generación más renovadores y arriesgados. Ambos con 36 años nos comentaban: *Nosotros nos consideramos una especie de francotiradores –dice Ángel–, hay que estar mucho tiempo*

[28] CAPITEL, Antón; *Mis memorias de la Escuela de Arquitectura*. http://veredes.es/blog/mis-memorias-de-la-escuela-de-arquitectura-anton-capitel/. 4 octubre de 2013.

M. Bayón

esperando para aprovechar una oportunidad ideal o remota, pero muy arriesgada, y defender la necesidad que tiene todo el mundo de proyectar sus ilusiones.[29]

Tienes que estar seguro de lo que quieres hacer, dentro de unos límites, y buscar los sitios más adecuados. –Continúa Efrén en sentido figurado– *Creo que los proyectos hablan por sí mismos. Nuestra voluntad siempre ha sido investigar y, a partir de ahí, cada proyecto es una nueva oportunidad.*[30]

Podríamos haber resuelto este apartado de manera más contundente si hubiéramos recurrido a la neurociencia desde un principio como nos sugería Mariano Bayón. Sabemos que Gustave Le Bon tal vez estaba en lo cierto y que son nuestros impulsos emocionales de origen inconsciente –y no nuestra razón– los que dictan nuestra conducta... Pero eso es algo que los arquitectos no siempre queremos reconocer.

Esta es una de las lecciones básicas de la neurociencia actual: *Uno de los mitos sobre el cerebro que persisten a pesar de los datos que las*

[29] Extracto de la conversación mantenida entre Ángel Alonso (1966), Victoria Acebo (1969) y Arturo Franco en el Círculo de Bellas Artes de Madrid el 1 de octubre de 2002. Documento grabado y transcrito.

[30] Extracto de la conversación mantenida entre Efrén García Grinda y Arturo Franco en el Círculo de Bellas Artes de Madrid el 8 de octubre de 2002. Documento grabado y transcrito.

Neurociencias aportan es la creencia de que nuestra conducta, nuestro pensar, creer o actuar es producto de lo que llamamos consciencia (...). Según los datos que hoy poseemos, podemos decir sin lugar a dudas que la inmensa mayoría de nuestros actos, pensamientos, sentimientos, creencias, etcétera, son inconscientes...[31]

De todas maneras, como escribe mi amigo Pedro Lago, que nadie se tire de los pelos porque no hay nada malo en ser algo irracional. Durante el siglo XX, por culpa de Freud se consideraba al inconsciente un lóbrego abismo en el que moraban "impulsos instintivos groseros y primarios"[32]; un remanente animal cuyas pulsiones sexuales y destructivas era necesario reprimir para que la civilización pudiese existir. *El inconsciente no está oculto ni nos acecha para amargarnos la existencia. Más bien, todo lo contrario. De hecho, la vida sin él sería casi imposible...*

Y para entender esto es importante tener en cuenta dos cosas:

Primero, que *todos los organismos vivos, desde la humilde ameba hasta el ser humano, nacen con dispositivos diseñados para resolver automáticamente –sin que se requiera el razonamiento adecuado– los problemas básicos de la vida (...): encontrar fuentes de energía; mantener el equilibrio químico del interior compatible con el proceso vital; conservar la estructura del organismo mediante la reparación del desgaste natural (...). La palabra homeostasis es el término apropiado para el conjunto de regulaciones y el estado resultante de la vida regulada.*[33]

Y segundo, que nuestro cerebro es producto de 500 millones de años de evolución que han moldeado su estructura. Y durante ese tiempo, de acuerdo con la hipótesis del cerebro triuno de Paul MacLean[34],

[31] RUBIA, Francisco J.; *Esplendores y miserias del cerebro.* (2004) (Catedrático de la Facultad de Medicina de la Universidad Complutense de Madrid).

[32] FREUD, Sigmund; *El malestar en la cultura,*1930.

[33] DAMASIO, Antonio; *En busca de Spinoza.* (2003) (profesor de Neurociencia, Neurología y Psicología en la Universidad del Sur de California).

[34] Paul MacLean (1913-2007) fue un famoso neurocientífico norteamericano que dirigió el Laboratorio de Evolución Cerebral y Conducta del Instituto Nacional de Salud Mental de EE. UU.

primero contamos solo con un cerebro instintivo (cerebro reptiliano). Tras evolucionar a mamíferos le añadimos al reptiliano un cerebro emocional (sistema límbico). Y hace solo unos pocos millones
de años, a ese cerebro inconsciente le incorporamos un aparato
racional (neocortex), el cual ha mejorado nuestra máquina homeostática del mismo modo que el navegador a bordo ha mejorado el
rendimiento de los coches; pero no es más importante que el motor...

Por eso mismo, cuando nuestro inconsciente percibe un estímulo
externo (por ejemplo, un insulto) o interno (un bajo nivel de energía)
que amenaza nuestro instinto de supervivencia, desencadena una
determinada emoción (cabreo en el primer caso; hambre en el segundo) que a posteriori es captada por la razón, la cual se encargará
de elaborar un insulto más hiriente o de pedir comida a domicilio o
de hacer lo que sea para solucionar esa crisis homeostática... De
ahí que la ciencia afirme que "en el inicio de toda decisión ya existe
un clic emocional" [35]. Un clic que nos comunica al instante si algo
es beneficioso o perjudicial. Un clic al que se referirá más adelante
José Antonio Corrales. Entendamos todo esto como una secuencia
múltiple y continua de estímulos, emociones y razón. Un ovillo en el
que solo a veces somos capaces de descubrir la oportunidad.

ORDEN
Sobre el proceso, el pensamiento, el estudio,
el esfuerzo, el lenguaje, la geometría y la escala

Sobre el camino dentro del proceso arquitectónico que nos conduce
hacia el orden o el desorden. Mecanismos de trabajo que confían en
el pensamiento, el estudio y el esfuerzo. Manifestaciones del orden
por medio del lenguaje, la geometría o la escala.

Acabamos de hablar de cómo los arquitectos de Madrid descubren
el camino a seguir dentro del proceso arquitectónico, de cuándo

[35] MORA, Francisco; *Los laberintos del placer en el cerebro humano.* (2006) (Doctor en Neurociencias por la Universidad de Oxford).

A. Fernández Alba

aparece y de dónde viene el impulso que nos arrastra en nuestro trabajo. En este otro punto trataremos de lo que sucede dentro de ese camino y de cómo todo tiende a organizarse, como es lógico.

Como si Antonio Fernández Alba acabara de leer el libro IV de la física de Aristóteles, al que ya hemos hecho referencia, escribe lo siguiente en el prólogo del libro *el clasicismo en arquitectura: la poética del orden.*

El principio de la 'poética del orden' que caracteriza al espíritu griego se perfila como una evidencia, sobre todo al descubrir en la naturaleza la conciencia clara de la norma inmanente en relación con los hombres y las cosas. Las partes componen un todo mediante una interrelación viva, gracias a la cual adquieren su posición y sentido, su tiempo y espacio, su principio y finalidad. Parece, y así lo demuestra la historia, que adquirir el sentido de la realidad fue el corolario de esta mirada hacia la naturaleza; por eso el lenguaje y el pensamiento que hace posible tal interpretación, el arte y la materia que lo reproduce en forma, y el espacio y la arquitectura que permite su edificabilidad, tienen su fundamento en esta estructura mental ('clasicidad') que liga de un modo natural la originalidad orgánica de la naturaleza.[36]

Antonio Fernández Alba vuelve a hablar de los datos suministrados por la razón a los que hacíamos alusión cuando hablábamos de la

[36] FERNÁNDEZ ALBA, Antonio; "Prólogo". En: TZONIS, Alexander; *El clasicismo en arquitectura: la poética del orden,* Blume, 1984. p. 4.

oportunidad y de cómo a partir de la intuición se acaba organizando el todo como una idea unitaria y no como un conglomerado de partes inconexas. Es sobre ese proceso de decantación y organización de las partes sobre lo que hablaremos en este apartado. Del camino hacia el orden.

Sería la filosofía griega el instrumento más singular que iba a permitir transformar la norma en ley y hacer evidente, mediante este artificio mental de la filosofía, la clara percepción del orden que subyace en todo el acontecer de los cambios, tanto en la naturaleza como en la vida humana. –Escribe más adelante Antonio Fernández Alba– *Para el arte esta evidencia, que le permitía extraer del pensar filosófico, significó el descubrir, junto a los datos suministrados por la razón, el proceso intuitivo que permitía al artista la concepción del todo como idea, como una forma vista, es decir, intuir la idea como imagen. La construcción de una forma no sería ya para el trabajo artístico una adición de percepciones parciales, acotaciones particulares de la naturaleza, imitaciones colaterales o generalizaciones metódicas –como esgrimían las culturas anteriores–, sino una interpretación a partir de una imagen que le confiere un sentido en la totalidad.* [37]

Así, adentrándonos en el trabajo y especialmente en el proceso que nos aproxima al orden y nos aleja del protagonismo del arquitecto, de la autoría, tenemos que comenzar por Luis Moreno Mansilla y Emilio Tuñón, por su papel relevante dentro de la arquitectura madrileña del último cambio de siglo y de su confianza en los procesos proyectuales.

En una pequeña pero intensa publicación llamada *Circo* se destilan grandes dosis de un pensamiento teórico en fase de experimentación. Luis Moreno Mansilla, Emilio Tuñón y Luis Rojo editan, en el número 97 de este boletín, un texto de Carles Muro titulado *Hacia una arquitectura potencial.* Un breve anecdotario que justifica un complejo método de trabajo, un argumento que rige la evolución del proyecto, una incógnita introducida en la ecuación capaz de excitar paradójicamente la creatividad.

[37] FERNÁNDEZ ALBA, Antonio; "Prólogo". En: TZONIS, Alexander; *El clasicismo en arquitectura: la poética del orden*, Blume, 1984. p. 5.

L. Moreno Mansilla
y E. Tuñón

El arquitecto puede obtener una mayor libertad en su trabajo precisamente a través de una aparente limitación de esa misma libertad... Una arquitectura potencial que trabaja con sistemas de constricciones autoimpuestas, específicamente elaboradas para cada proyecto.[38]

A partir de aquí, el trabajo de Tuñón y Mansilla cobra relevancia, una cierta autonomía frente a actitudes que buscan soluciones desde la propia arquitectura. Retomando el pensamiento de Eisenman, suscriben una teoría que se plantea no utilizar argumentos arquitectónicos porque todo lo que se extraiga de este campo resulta ya viciado. Para renovar este mundo es necesario acudir a otro. Acudiendo a otras disciplinas, se formulan cada uno de los "sistemas", mecanismos capaces de evolucionar libremente dentro del proceso de proyectar, de provocar en su combinatoria el asombro o la perplejidad y, al mismo tiempo, alimentar la expectación.

A partir de ese momento no todo puede ser hecho, pero todo lo que puede hacerse es infinito.

El tradicional *parti pris* –los croquis como punto de partida del proyecto– se transforma ahora en un motor de arranque sin solución de continuidad. La progresión del sistema implica finalmente resultados imprevisibles que caminan entre la expresividad y el contenido,

[38] MURO, Carles; "Hacia una arquitectura potencial", Revista CIRCO, nº 97, 2002. MURO, Carles, Madrid, edita Luis M. Mansilla, Luis Rojo y Emilio Tuñón, 2002, p. 2.

entre el objeto y el sujeto sin apariencias preconcebidas. Tuñón y Mansilla recuerdan que, para Valéry, la poesía es la oscilación permanente entre el sonido y el sentido. Así la imagen de la que escribe Fernández Alba no es una imagen predeterminada sino una unidad ordenada que va tomando cuerpo a medida que el proceso evoluciona.

Llegados a este punto, reconocen:

Confiamos ciegamente en algo sabiendo que tal vez es mentira.

Con este método de trabajo, todo el mundo sabe lo que no puede hacer, por lo tanto se precisa una labor de equipo a favor de una renuncia de lo personal, un intento por borrar las huellas viciadas de un solo individuo. El trabajo elimina la presencia del arquitecto, condición imprescindible para conseguir la "invisibilidad de las ideas". La virtud se produce durante pequeños instantes del proceso, en el lugar preciso donde las obsesiones privadas coinciden con las necesidades públicas.

Se pueden encontrar caminos paralelos sobre este tipo de investigaciones, tal vez más superficiales, entre otros arquitectos de su generación que se basan en un amplio abanico de argumentaciones lingüísticas y mucho entusiasmo. Diagramas, pixelizaciones, estadísticas, flujos, procesos aleatorios o energías pueden considerarse como distintas estrategias para proyectar.

Para Luis Moreno Mansilla y Emilio Tuñón, cada movimiento programado debe satisfacer al mismo tiempo la "simplificación" y la "intensificación", de alguna forma se tiene que producir la condensación de las múltiples ideas a favor de un resultado imprevisible, impersonal.

Se refieren a unos comentarios del pintor Miró para matizar estos aspectos:

Siguiendo mi costumbre, –mis obras– están todas firmadas al lado opuesto a la pintura, plásticamente la firma es inmoral y espiritualmente no puedo aceptar este individualismo que representa el querer exhibir el nombre, mayormente no teniendo yo nada que ver con mi obra, que concito siempre bajo el más absoluto estado de ausencia.

Formados en plena efervescencia de la Tendenza italiana, reconocen afinidades discordantes. Mientras Emilio Tuñón asume la *Autobiografía Científica* de Rossi como uno de sus referentes, Luis M. Mansilla recurre a algunas ideas planteadas en *Complejidad y contradicción en la arquitectura,* de Venturi. Ambas posturas se enfrentan productivamente.

Cuando uno está de acuerdo en el sistema de trabajo es bastante más enriquecedor diferir en las ideas particulares.[39]

Regresando al principio, al motor de arranque, a la arquitectura potencial, al número 97 de la revista *Circo,* Carles Muro compara las restricciones voluntarias de la arquitectura con la literatura y especialmente con la "literatura potencial". Perteneciente a esta tendencia, Georges Perec escribió un libro en francés titulado *La Disparition* (la desaparición), donde se propuso prescindir de la letra "E" como acicate creativo.

Este método de trabajo ha quedado patente en la que tal vez sea la obra más emblemática del período que nos ocupa. El MUSAC de León. Y por lo tanto merecía esta especial consideración.[40]

Otro de los principales investigadores y representantes primeros de esta verbalización entorno al camino del proyecto en España ha sido Iñaki Ábalos hoy *Chair of the Department* de la Universidad de Harvard. Hace diez años, cuando todavía era socio de Juan Herreros, respondía a unas cuestiones en torno a estos temas.

Lo procesal entiende el proceso, comprende el desarrollo proyectual como un verdadero motor del proyecto permitiendo que el proceso en sí mismo establezca sus propias reglas y evolucione con plena autonomía.[41]

[39] Extracto de la conversación mantenida entre Emilio Tuñón (1956), Luis Moreno Mansilla y Arturo Franco con motivo de sus últimos concursos ganados. 20 de abril de 2002. Documento grabado y transcrito.

[40] Se refiere a El Museo de Arte Contemporáneo de Castilla y León, MUSAC. 2005. Arquitectos: Mansilla y Tuñón Arquitectos. Recibe el Premio Mies van der Rohe en 2007.

[41] Extracto de la conversación mantenida entre Iñaki Ábalos (1956) y Arturo Franco con motivo de un seminario de verano titulado La Belleza del siglo XXI. Junio 2002. Documento grabado y transcrito.

I. Ábalos   E. Arroyo

Quizás, situado en los márgenes más experimentales de esta teoría en torno al proceso se encuentra Eduardo Arroyo. Arroyo se desenvuelve en la periferia de lo que podría considerarse un método madrileño al prescindir completamente de referentes propios de la arquitectura para apoyarse exclusivamente en interpretaciones procedentes de otras disciplinas.

Es el momento de comprender que la arquitectura también puede ser explicada con razonamientos de otros campos como la genética, la medicina o la filosofía. Relacionar algo que aparentemente es físico con la pregnancia de otras disciplinas no es nada tortuoso, simplemente es una lectura añadida del mundo que no se suele hacer en arquitectura porque trabajamos a una velocidad pasmosa. Hoy no hay necesidad de reflexión porque vivimos en un planeta habitado por cuasipersonas; se está perdiendo la humanización, y si no hay que reflexionar cualquier cosa vale... Por eso, nuestros proyectos nacen con la voluntad de responder a nuestras preguntas; no es una vocación pedagógica, no queremos contar a la gente por qué hacemos las cosas, sino explicarnos nuestra propia manera de resolver la arquitectura.[42]

Precisamente en el otro extremo de la periferia, desde su propia centralidad, Francisco Alonso reflexiona en lo substancial, sobre

[42] Extracto de la conversación mantenida entre Eduardo Arroyo (1964) y Arturo Franco en el Círculo de Bellas Artes de Madrid el 18 de noviembre de 2004. Documento grabado y transcrito.

F. Alonso

lo mismo. Habla de explorar otros territorios, durante el proceso de trabajo, localizados en el terreno de la ética misma. Sin embargo, no concibe la arquitectura que se alimenta en el territorio del *metalen-guaje* arquitectónico, ni aquella que recurre, como apunta Arroyo, al *meta*lenguaje de cualquier otra disciplina. En cualquier caso no es intención de este texto enfrentar opiniones descontextualizadas sino movernos entre coincidencias.

Cuando hablo de una arquitectura vestida de domingo –dice Francisco Alonso–, *hablo de la arquitectura adornada, la arquitectura arquitectó-nica, revestida de la propia arquitectura, de atributos que le son propios. Creo que la relación con la tradición es como un ethos, el carácter mismo. La arquitectura arquitectónica es aquella que mantiene un meta-discurso sobre la arquitectura, que trata de encerrarla en los límites de la propia arquitectura y no tiene ninguna intención de salir de sí misma para conquistar otros terrenos y, más adelante, volverse tradición. Ahora bien, salir de la arquitectura a la conquista de otros territorios no con-siste en asomarse al mundo de la nueva matemática, de la nueva ideolo-gía, de la publicidad, del grafismo, de la informática... Creo que la cons-trucción tiene más razón de ser cuando pertenece al mundo de la ética. No hay que construir lo que se piensa sino pensar lo que se construye.*[43]

[43] Extracto de la conversación mantenida entre Francisco Alonso y Arturo Franco en el Círculo de Bellas Artes de Madrid el 2 de diciembre de 2004. Documento grabado y transcrito.

M. Bayón

A. Campo Baeza

O dicho de otro modo por Mariano Bayón.

Para mí, la artisticidad es una actividad emparentada con lo artístico, pero solo desde la apariencia. Son las artes de lo aparente. Por el contrario, el gran arte de la arquitectura está en la edificación, en profundizar en las posibilidades de la edificación y la construcción para resolver problemas del hábitat humano.[44]

Recuperando el ejercicio de proyectar como un proceso, Alberto Campo Baeza lo entiende como algo que no comienza o termina con una obra determinada. No tanto como un método de trabajo estructurado y verbalizable como hemos visto en algunos casos anteriores. Se trata de un continuo que se sirve de experiencias previas y que se aleja del lenguaje, de los códigos recurrentes. El tiempo es un continuo desarticulado que no termina con nuestras intervenciones. La intervención es un estadio más, forma parte del proceso. Ni más ni menos importante. Ni mejor ni peor. Borrar los condicionantes morales frente a los éticos.

Yo no divido mi trabajo en etapas. El trabajo creativo es un proceso continuo, y a mí no me gustaría estar del lado de los arquitectos que encuentran una fórmula y el resto de su vida producen obras blancas,

[44] Extracto de la conversación mantenida entre Mariano Bayón (1942) y Arturo Franco en el Círculo de Bellas Artes de Madrid el 5 de diciembre de 2002. Documento grabado y transcrito.

A. Miranda

obras negras, obras lisas, obras arrugadas, obras serigrafiadas... La arquitectura es una labor creadora, y cualquier creador sabe que el proceso de creación es continuo, que las etapas anteriores sirven para poder arriesgar más en las nuevas.[45]

De esta manera define Antonio Miranda la precisión alcanzada a partir de la experiencia, mediante un continuo aprendizaje de los errores.

Es una maravilla pensar que la sustancia de la verdad es el error; pero errores progresivamente decrecientes.[46]

Podríamos traer aquí a colación el trabajo de Lina Bo Bardi en una obra como el SESC Pompéia donde *no se conocía a priori cuál sería el resultado*. El anteponer una ética de trabajo que dicte las normas de lo que hay que hacer de modo que el proceso al final es el que toma las decisiones, lo que produce una indefinición o, mejor, imprevisión con respecto al resultado final.[47]

[45] Extracto de la conversación mantenida entre Alberto Campo Baeza (1946) y Arturo Franco en el Círculo de Bellas Artes de Madrid el 18 de marzo de 2004. Documento grabado y transcrito.

[46] Extracto de la conversación mantenida entre Antonio Miranda (1942) y Arturo Franco en el Círculo de Bellas Artes de Madrid el 5 de febrero de 2004. Documento grabado y transcrito.

[47] Sobre el trabajo de BO BARDI, Lina en SÁNCHEZ LLORENS, M.; Objetos y acciones colectivas de Lina Bo Bardi, [Tesis Doctoral], ETSAM, UPM, Madrid, 2010. Disponible en Biblioteca ETSAM.

Ella misma decía que *los incidentes puestos en evidencia por la construcción, el volver a pensar cosas en obra, los errores corregidos o no,
en fin, el antiperfeccionismo en una obra arquitectónica, es algo válido.*[48]

Envolviendo el contenido de este texto y, como actitud práctica, nos
ha servido de mucho entender el error como algo positivo. No se
trata de buscar la imperfección sino de aceptarla para reconducir el
resultado. Valorar al artesano, el oficio. Algo de lo que habla Richard
Sennett y que comentaremos más adelante.[49]

La acumulación de errores, no premeditados, en las obras, puede
ser aprovechada. Le otorgan libertad, autonomía, distanciamiento
del autor. Las obras se acaban convirtiendo en padres de sus propios arquitectos y no en sus queridos hijos. Padres porque se han
escapado a su control y han acabado mostrando a sus "autores"
nuevos caminos, puertas entreabiertas. Los errores, en el fondo, nos
enseñan a vivir.

Errores decrecientes disminuidos por la experiencia, la misma a la
que invoca Mariano Bayón en muchas ocasiones para dar crédito a
sus intuiciones.

*Por mucho que lea, no me convence nada si no pasa por mi cuerpo.
Solo se puede conocer aquello que se experimenta. Por poner un ejemplo, a un ciego no le puedes explicar lo que es el color azul.*[50]

Un alto en el proceso arquitectónico para fijarnos en los estados
intermedios. Esos estados en los que nos sentimos especialmente
agusto.

Existe un momento en la obra o en el proceso de proyecto, un estado
intermedio de su desarrollo donde todo sucede o donde todo puede

[48] BO BARDI, L.; "Sobre la lingüística arquitectónica", L›Architettura, Roma, 1974, n°
226, recogida en: *2G Lina Bo Bardi. Obra Construida*, Ed. Gustavo Gili, Barcelona 2002, p.
216-220.

[49] SENNETT, Richard. *El Artesano*. Barcelona, Editorial Anagrama, 2009.

[50] Extracto de la conversación mantenida entre Mariano Bayón (1942) y Arturo Franco
en el Círculo de Bellas Artes de Madrid el 5 de diciembre de 2002. Documento grabado y
transcrito.

M. Bayón   F. Alonso

suceder. Donde todo está de manera potencial. Situaciones que concitan lo mejor pero también lo peor de las posibilidades futuras. Un estado puro, lleno de potencial futuro y pasado. Una situación intermedia en medio del proceso.

La ciudad en formación, la arquitectura haciéndose. –Habla Francisco Alonso– Nos damos cuenta cuan interesante es la arquitectura cuando se está haciendo, cuando la vemos en erección, en construcción, en estructura. La arquitectura se quiere rodear de atributos excesivos para reconocerse como tal. Adornarse de la propia arquitectura, acabarse demasiado. La ciudad en su magma masivo podría permitirse estar menos acabada, menos vestida de domingo.[51]

Son muchos los caminos de los arquitectos que nos conducen al orden, pero parece que todos coinciden en la disminución del protagonismo del autor e incluso en despojar la propia arquitectura de un lenguaje recurrente y ensimismado. En limpiar de impurezas el camino.

Yo siempre intento aislar los componentes básicos de la arquitectura, trato de limpiarla de los aspectos arquitectónicos extra. Que el proyecto sea lo más necesario. Es un método científico, de laboratorio –continúa Mariano Bayón–. De todas maneras, yo creo que la arquitectura necesita

[51] Extracto de la conversación mantenida entre Francisco Alonso y Arturo Franco en el Círculo de Bellas Artes de Madrid el 2 de diciembre de 2004. Documento grabado y transcrito.

reelaborar su propio espectro de trabajo. Por poner un ejemplo, en el postwagnerismo llegó un momento en el que los músicos se plantearon deshacerse de todos los elementos exógenos que estaban complicando el proceso de la música, desprenderse de todos esos coros y señoras gordas que estaban convirtiendo el proceso creativo en algo atosigante para los músicos. De la misma manera, en arquitectura también hay que intentar aislar, como en un laboratorio, los auténticos componentes. Debemos deshacernos de los abalorios de etapas posrománticas que se han prolongado a través del posmodernismo hasta hoy en sombras largas y epigonales relacionadas con ciertos aspectos de la arquitectura que yo llamo de artisticidad.[52]

Andrés Cánovas incide también en el término artisticidad restando protagonismo al creador absoluto y su disminución la entiende como condición necesaria para avanzar.

Hay una pérdida del concepto de artisticidad en arquitectura. El arquitecto ya no es un creador absoluto. El trabajo en equipo, que a veces provoca muchas tensiones, también te da perspectiva: puedes separarte del papel porque hay alguien que se acerca más al papel. También te permite discutir y, por lo tanto, no tener una visión microscópica del proyecto, sino estar siempre en el plano 1|1.000. La arquitectura está ligada a la vida, a lo cotidiano, a las relaciones interpersonales; si no sirve para que la gente viva mejor, no es nada. No es un problema abstracto, es un problema social. Ahí es donde el movimiento moderno sigue estando vigente: el valor de la arquitectura como hecho puramente social. No tiene nada que ver con el estilo, sino con mejorar los hábitos sociales, hacer que la gente viva más a gusto. Eso es lo que nos tiene que hacer felices a nosotros. El resto nos proporciona ego, pero nada más.[53]

En la línea de pensamiento de Mariano Bayón, aunque no tanto de Andrés Cánovas, Alberto Campo Baeza no cree que la pérdida de los

[52] Extracto de la conversación mantenida entre Mariano Bayón (1942) y Arturo Franco en el Círculo de Bellas Artes de Madrid el 5 de diciembre de 2002. Documento grabado y transcrito.

[53] Extracto de la conversación mantenida entre Andrés Cánovas (1958), Nicolás Maruri (1961) y Arturo Franco en el Círculo de Bellas Artes de Madrid el 25 de marzo de 2004. Documento grabado y transcrito.

M. Bayón   A. Cánovas   A. Campo Baeza

atributos innecesarios y la disminución del protagonismo del arquitecto se tenga que producir mediante los acuerdos entre muchos, mediante la ausencia de un único responsable, mediante el consenso.

Más que el consenso, lo que funciona es la síntesis. Analizar los ingredientes con los que uno cuenta, como el tamaño. Una operación espacial que funciona en una casa pequeña no se puede trasladar a un edificio grande. El edificio de la Caja de Granada, que es el más grande que he hecho, tiene una operación un poquito más compleja que la que tienen las casas pequeñas, como la Casa Gaspar. Contamos con el tamaño, las funciones, los materiales, la economía... Más que someter esos factores a un consenso debemos destilarlos. Hay un ejemplo que sirve para entender nuestro trabajo: la labor de un arquitecto no es la misma que la de un druida o un brujo que, de manera misteriosa, establecen el diagnóstico de un enfermo; nuestra labor se asemeja más a la de un médico que cuenta con unos estudios profundos, examina al paciente, se reúne con otros médicos si la enfermedad es compleja y, finalmente, pronuncia un diagnóstico.

Esto tiene una consecuencia importantísima en la arquitectura contemporánea: la pérdida del valor del estilo. La arquitectura se adapta a ciertas condiciones sociales, culturales, económicas y de paisaje, y en cada momento es distinta. Eso es lo maravilloso de este momento, es posible la convivencia entre varias arquitecturas.[54]

[54] Extracto de la conversación mantenida entre Alberto Campo Baeza (1946) y Arturo

J. Revillo

Esta no pretende ser una respuesta universal al método de trabajo, un libro de instrucciones del modelo creativo, sino todo lo contrario. Más bien, se trata de una sucesión de experiencias transmitidas entre generaciones que acaban por no llegar a un lugar concreto sino a varios.

Javier Revillo se encarga, ahora, de recuperar una frase que todos hemos interiorizado a fuerza de ir escuchándola de boca en boca. Algo que nos pertenece. Algo que en cierto modo practicamos.

En nuestro estudio se dialoga y se discute muchísimo. Yo me acuerdo que una vez, estando en la Escuela, Javier Carvajal nos dio una recomendación que me impresionó y que ahora practico. Dijo: "Para un arquitecto es más importante la goma de borrar que el lápiz". Y esos dibujos iniciados, esas propuestas de arquitectura que volvemos a empezar porque no superan el estándar de inexistencia que buscamos nos van ayudando a tomar conciencia de lo que queremos. Es pura artesanía. Nosotros somos arquitectos-artesanos. Se trata de hacer y de aprender haciendo. Si un lienzo habla demasiado, preferimos que esté más callado. [55]

Franco en el Círculo de Bellas Artes de Madrid el 18 de marzo de 2004. Documento grabado y transcrito.

[55] Extracto de la conversación mantenida entre Javier Revillo (1959) y Arturo Franco en el Círculo de Bellas Artes de Madrid el 12 de febrero de 2014. Documento grabado y transcrito.

E. Arroyo   J. A. Corrales

Entiéndase esta como una manera de pensar y de trabajar especialmente madrileña, aunque no únicamente de Madrid, por supuesto. Estas cuestiones se tratarán más adelante en el apartado de la contención.

Eduardo Arroyo, tan distante de la tradición local en sus resultados formales y tan próximo en algunas de sus reflexiones, vuelve a hablar de la desaparición del lenguaje heredado.

Yo creo que hay un segundo aprendizaje tras terminar la universidad, que consiste en aprender a desaprender lo que te han enseñado. Así se produce un vaciado interior en el que te quedas sin lenguaje y empiezas a buscar tu propia palabra. Y hay un momento en que todo hace click.[56]

En una hipotética respuesta intergeneracional a Eduardo Arroyo, José Antonio Corrales también habla sobre la ausencia de referentes como una actitud, y en cierto modo también habla de un click.

Es lo que yo llamo arquitectura específica. Desde el punto de vista común, toda arquitectura es específica, porque es para un cliente y para un terreno determinado. Pero yo llamo arquitectura específica a la que no tiene ninguna referencia, ninguna tipología. El proyecto cuenta con unos datos que arrojan una determinada luz: el terreno, el clima... Y lo

[56] Extracto de la conversación mantenida entre Eduardo Arroyo (1964) y Arturo Franco en el Círculo de Bellas Artes de Madrid el 18 de noviembre de 2004. Documento grabado y transcrito.

J. M. Prada Poole

que yo hago es trasladar esos datos a mi cabeza. Los instalo allí y voy todo el día con esos datos en mi cabeza. Entonces sucede, a veces, que el cerebro actúa como un ordenador, analiza esos datos y súbitamente te proporciona una imagen mental. Eso es lo más deseable.[57]

De vez en cuando es conveniente volver a Fernando Higueras, no solo por su habilidad para desdramatizar el discurso sino porque la cruda realidad se encuentra bien asentada entre sus bromas.

Te voy a decir una cosa pero sin que se entere ella. ¡Perdonad mi falsa inmodestia! Soy el único que hablo bien de mí... Y lo digo ahora que ella tiene 63 años y yo 71. Las mejores obras que he hecho en mi vida han sido con Eulalia Marques Garrido. Una chica muy parecida a Claudia Cardinale pero infinitamente más guapa, si cabe... y casi no cabía... Pero Eulalia era un ser extraordinario. Hicimos juntos el proyecto del edificio Polivalente en Montecarlo y no quiero decir más por si me arrepiento... En el fondo debía... no de odiarla, pero... Al final me dejó por uno más guapo y más joven. Y eso duele... Más que por su belleza, y a mí me encanta la belleza, yo la admiraba por su talento para la arquitectura. Como soy exagerado, voy a decir que no recuerdo haber conocido a ningún ser humano con más talento para la arquitectura que Eulalia Marques Garrido, flor de la raza calé. Argentina, de padre y madre por-

[57] Extracto de la conversación mantenida entre José Antonio Corrales (1921) y Arturo Franco en el Círculo de Bellas Artes de Madrid el 29 de octubre de 2002. Documento grabado y transcrito.

tugueses, que cayó en manos del guapo Jorge Garcés, que le ha sacado todo lo que ha podido y más... Así es la vida...

A mí se me ocurrió preguntar: "Fernando, ¿cómo puede colaborar una idea de arquitectura tan potente como la tuya con la de otra persona?"

¡Y si yo te dijera que esa idea tan potente pertenecía a ambos! Entonces exageraría... Pero yo hacía un croquis y lo ponía sobre la mesa. ¡Plas! Ella, en lugar de atacarlo con verborrea, decía con acento argentino: "Dejámelo...". Y a la media hora volvía con otro croquis calcado junto al mío pero a un nivel superior, ¡un metro por encima del mío! Y entonces yo bromeaba: "Ahora 'dejámelo' tú a mí..." –También con acento argentino– Y yo tardaba dos horas... porque yo soy lento pero inseguro... ¡Y lograba levantarlo otros 20 centímetros! "Mejoraste el mío, che... Déjamelo otra vez...". Y en media hora lo subía medio metro. ¡Entonces yo lo cogía y lo subía diez centímetros! ¡Ella, veinte centímetros! ¡Yo, dos centímetros! ¡Ella, nueve centímetros! Yo, medio centímetro... Ella un milímetro... Y ahí se quedaba... Todo sin palabras... Solo actuando...

... Don José María Entrecanales siempre repetía: "No lo diga, escríbalo".[58]

Aprovecho para traer a colación una estrofa de otro personaje sarcástico aunque de mayor éxito comercial. Bukowski en su libro *Cómo ser un gran escritor* nos empuja también al trabajo.

Agarra una buena máquina de escribir

y mientras los pasos van y vienen

más allá de tu ventana

dale duro a esa cosa,

dale duro.

Haz de eso una pelea de peso pesado.

Haz como el toro en la primer embestida.[59]

---

[58] Extracto de la conversación mantenida entre Fernando Higueras (1930) y Arturo Franco en el Círculo de Bellas Artes de Madrid el 15 de octubre de 2002. Documento grabado y transcrito.

[59] BUKOWSKI, Charles; *20 poemas*, Mondadori, Barcelona, 1998.

J. M. López Peláez

Como en una sucesión sincronizada todos parecen coincidir en la reflexión y el trabajo para explicar lo inexplicable. Algo que no merece mayor profundización por evidente. Simplemente dos apuntes breves. Uno de José Manuel López Peláez y otro de César Ruiz Larrea.

Para referirse al trabajo de Asplund, arquitecto sobre el que ha centrado sus investigaciones durante los últimos años, López Peláez nos habla del esfuerzo.

Ese esfuerzo es lo contrario de lo inmediato, es la confianza en que la reflexión, la elaboración y el trabajo son lo que va a producir una obra realmente valiosa.[60]

Y en un arrebato de sinceridad que es de agradecer, y desde una actitud puramente pragmática, Ruiz Larrea se confiesa.

Lo más fascinante de esta profesión es pensar por ti mismo, sentarte ante el tablero o el ordenador e investigar cómo resolver los diferentes problemas: por dónde entra la luz, cómo se accede, cómo puedo optimizar ese hueco... Estás transformando una realidad, y ahí reside el placer de la profesión.[61]

[60] Extracto de la conversación mantenida entre José Manuel López Peláez (1945) y Arturo Franco en el Círculo de Bellas Artes de Madrid el 9 de octubre de 2003. Documento grabado y transcrito.

[61] Extracto de la conversación mantenida entre César Ruiz Larrea (1950) y Arturo Franco en el Círculo de Bellas Artes de Madrid el 10 de junio de 2004. Documento grabado y transcrito.

C. Ruiz Larrea   J. M. Prada Poole

A pesar de apelar al método estructurado Prada Poole reconoce que también trabaja a partir de anotaciones inconexas que tarde o temprano tienden a asociarse y a generar conjuntos de ideas.

Encima de mi escritorio tengo un montón de notas sueltas, ideas que se me han ocurrido y que no sé cómo ordenarlas ni qué significan... Están ahí, madurando... Hasta que un día veo que dos o tres pueden formar un cierto conjunto o encajar en un determinado esquema. Y así voy implementando mis esquemas, se van ajustando y, gracias a las nuevas ramas, puedo decir: "Aquí voy a hacer la Vivienda impenetrable". Una vivienda que no tiene interior; un mundo completamente arquitectónico. ¿Puede haber una arquitectura que no tenga interior físico?[62]

Tal vez ese sumatorio de partes, de ideas, acaben evidenciándose en la obra como reconoce Ballesteros cuando habla de los nodos como partes autónomas, con su propio carácter dentro de un todo organizado.

En la apreciación de la arquitectura y del arte contemporáneo, uno de los hechos más importantes que debe asumir un crítico es que no existe una obra completa, una obra total. Todos tenemos amigos que no son arquitectos ni artistas, que trabajan en un banco, por mencionar algo terrible... Y, cuando te preguntan: "Tú que eres arquitecto, ¿cuál es tu

[62] Extracto de la conversación mantenida entre José Miguel Prada Poole (1938) y Arturo Franco en el Círculo de Bellas Artes de Madrid el 30 de noviembre de 2004. Documento grabado y transcrito.

edificio favorito?". Inmediatamente empiezas a pensar en edificios que te gustan, pero entonces los pones en crítica... Y no puedes escoger uno porque caes en la cuenta de que lo realmente espléndido de un edificio es solo un trozo, un aspecto... Lo emocionante de la Filarmónica de Scharoun seguramente no sea la cubierta, o sí... Porque evoca todavía la montaña mágica, la montaña de oro a la que quiso adscribirse formando parte del plan general... O quizás sean las escaleras... O el vestíbulo... O la afinación de la sala... Ni siquiera es algo objetivo. Y ¿qué es lo más emocionante del Euroforum de Rem Koolhaas? Si apenas se puede distinguir ahí un edificio... Si es una acumulación de residuos... Ya no apreciamos los edificios como una obra total, consolidada y presentada como ejemplo completo. Por lo tanto, solo podemos extraer la sustancia de sectores de información de cada una de las obras de las que hablamos. Y eso es un nodo.[63]

Qué bien vienen ahora las palabras de un escultor visceral que embiste cada mañana la madera en su taller de Cambados. Francisco Leiro nos regaló estas palabras tras una visita a su taller.

El taller parado semeja la noche, un mal sueño, el caos.

A primera hora de la mañana suena la radio, trato de ordenar ideas y herramientas.

Despierta el alma; el taller funciona como prolongación de mi cerebro.

La dificultad comienza siempre en el cajón de los tornillos.

Nunca aparece el que buscas. Sabes que está allí pero la mano caprichosa no lo haya.

Como en la vida, el proceso de creación tiene mucho de salto de obstáculos.

A medio día el taller funciona a pleno rendimiento.

Después, tras el almuerzo , la siesta placentera.[64]

---

[63] Extracto de la conversación mantenida entre José Ballesteros y Arturo Franco en el Círculo de Bellas Artes de Madrid el 16 de enero de 2003. Documento grabado y transcrito.

[64] LEIRO, Francisco; "Visita al taller del escultor en Cambados el 9 de noviembre", Arquitectura COAM, n° 358, 2009, pp. 84-91.

C. Lapayese   D. Gazapo

Concha Lapayese nos recuerda a menudo sus influencias y las de Darío Gazapo, especialmente aquellas derivadas de sus colaboraciones con Juan Daniel Fullaondo y Jorge Oteiza. En este caso ella pone como ejemplo a otro escultor, a Jorge Oteiza, quizás el más influyente en nuestra arquitectura, para recurrir a un método de trabajo que baraja múltiples alternativas al mismo tiempo, y como partes de un todo.

Supone más trabajo de lo habitual porque tienes que ir valorando todas las opciones, pero es un trabajo fantástico. Esa idea de no desechar opciones está relacionada con Oteiza, que tenía sus series de tizas y no operaba solo con su Macla Malevich, sino con su Macla Malevich y sus siete posibles. Otra cosa es que solo desarrollara en grande el prototipo de una caja homenaje a Mallarmé, pero en realidad él seguía viendo su familia completa.[65]

Las variantes, las alternativas, infinidad de tentativas y el trabajo son para José Antonio Corrales caminos de aproximación que le permiten alcanzar ese orden totalizador. Corrales con 81 años reivindica las herramientas y los sistemas de representación propios del movimiento moderno, los que posibilitan la arquitectura de "dentro a fuera". En 2002 defendía la planta y la sección frente al alzado como anticipando y rechazando lo que poco más tarde se convertiría en

[65] Extracto de la conversación mantenida entre Concha Lapayese y Arturo Franco en el Círculo de Bellas Artes de Madrid el 24 de junio de 2004. Documento grabado y transcrito.

J. A. Corrales

España en una sobredosis de arquitectura epidérmica, representati-va, de la imagen.

La expresión plástica debe responder a la idea total del proyecto. Es decir, yo me siento ante el tablero y comienzo a dibujar esa idea o ima-gen a escala, en planta y sección, explorando durante horas y horas; pero no en alzado. El alzado surge como consecuencia de la planta y la sección, que es lo que debe tener verdadero interés.

Con la aparente inocencia de los arquitectos de la segunda gene-ración de posguerra, como así se han agrupado en la historiografía contemporánea, Corrales habla con naturalidad y sin seguridades.

Siempre intento llegar virgen al papel. Sin embargo, a veces, aunque tengas instalado el proyecto, la cabeza no te proporciona soluciones y tienes que ponerte a dibujar. Hay arquitectos que colocan a sus emplea-dos ante un ordenador y no se sientan al tablero a trabajar durante horas y horas. Pero mi camino es el dibujo a escala. Dibujar y dibujar hasta amontonar papeles en el suelo. Explorar. Pasar de una solución a otra. Y al final en cada proyecto llegas a muchas soluciones... [66]

Parece evidente que llegar virgen al papel o partir de cero o comenzar de nuevo cada mañana es una actitud, una declaración de intencio-

[66] Extracto de la conversación mantenida entre José Antonio Corrales (1921) y Arturo Franco en el Círculo de Bellas Artes de Madrid el 29 de octubre de 2002. Documento grabado y transcrito.

J. M. Prada
Poole

M. Bayón

nes, no tanto una realidad como se encarga de matizar Prada Poole.
Parece una actitud muy generalizada en la arquitectura de Madrid
que permite al arquitecto liberarse de prejuicios, tics o manías here-
dadas. Nos permite pensar desde el origen, sin condicionantes, para
luego recuperar la memoria y apoyarse en la experiencia.

*Claro, es para decirle: "Oiga, si usted partiese de cero no haría ni la
cueva". Porque de cero, cero... Los profesores de la Escuela vemos que el
alumno recién llegado, que desde el punto de vista arquitectónico parte
de cero, lo primero que hace es reproducir con todos sus defectos la casa
en la que vive: las tres habitaciones, la terraza... ¿Y qué va a hacer el
pobre? No es que no tenga imaginación, es que no tiene base para tener
imaginación. La imaginación se nutre de imágenes. Si tienes un almacén
inmenso, la combinación de imágenes que puedes hacer es infinita.*[67]

Mariano Bayón reivindica al arquitecto como único responsable en la
toma de decisiones o, al menos, nos comenta que él trabaja de ese modo.

*Lo primero es que todas las personas que te rodean estén de acuerdo
con el proyecto. Lo segundo es que yo no desoigo ninguna parte del proyecto y no dejo decisiones en manos de nadie. En mi equipo hay calcu-
listas de instalaciones y de estructuras, pero yo les digo donde van los*

[67] Extracto de la conversación mantenida entre José Miguel Prada Poole (1938) y Arturo
Franco en el Círculo de Bellas Artes de Madrid el 30 de noviembre de 2004. Documento
grabado y transcrito.

I. Mendaro   A. Miranda

puntos de luz y que tipo de luz tienen que poner...Todos los detalles de construcción los diseño yo, sin ordenador, a lápiz y a escala 1x1.[68]

Como arquitecto de la misma generación que Mariano Bayón, Ignacio Mendaro también considera el proceso de proyecto una cuestión personal, interior.

Ahora mismo hay una gran uniformidad en las presentaciones, en los planteamientos, las imágenes... La imagen trasladada en una noche de una revista a un proyecto tiene una gran capacidad de engaño. Los jurados de los concursos actuales que son capaces de separar la paja del grano tienen mucho mérito. Es algo dificilísimo. Sin embargo, para mí es más interesante buscar en las entrañas de uno mismo. Recuerdo que De la Sota, cuando un alumno le decía que no había podido presentar un trabajo porque había estado viajando, respondía: "Menos andar hacia fuera y más hacia dentro".[69]

Antonio Miranda, catedrático de proyectos en la Escuela de Madrid y autor entre otros del libro *Ni robot ni bufon: manual para la crítica de arquitectura*, traslada la reflexión a su territorio.

[68] Extracto de la conversación mantenida entre Mariano Bayón (1942) y Arturo Franco en el Círculo de Bellas Artes de Madrid el 5 de diciembre de 2002. Documento grabado y transcrito.

[69] Extracto de la conversación mantenida entre Ignacio Mendaro (1946) y Arturo Franco en el Círculo de Bellas Artes de Madrid el 21 de octubre de 2004. Documento grabado y transcrito.

R. Sánchez
Lampreave

A. Capitel

La crítica es el pensar, y es coincidente con el hecho de proyectar. Por otra parte, si hablamos de crítica fuera del objetivo de la Escuela, hablamos de desenmascarar la falsificación. Algo que la gente supongo que no entiende porque considera que la arquitectura es materia de especialistas; pero eso solo es un truco para que la crítica se mantenga fuera de la opinión.[70]

Ricardo Sánchez Lampreave, arquitecto y editor, también traslada el discurso a su terreno, al mundo de la cultura y los libros.

Quería manifestar que la arquitectura pasa por los textos. Poner un ladrillo encima de otro no es arquitectura. La cultura es lo único que puede mediar entre ciertas técnicas, entre la historia y los problemas de la contemporaneidad... El arquitecto debe entender su profesión desde la cultura.[71]

Antón Capitel, hablando de sus etapas como director de la revista Arquitectura COAM, se trata de aproximar al orden comparando su trabajo en la revista con el de un arquitecto.

[70] MIRANDA, Antonio; *Ni robot ni bufon Manual para la crítica de arquitectura*, Cátedra, Madrid, 1999. Extracto de la conversación mantenida entre Antonio Miranda (1942) y Arturo Franco en el Círculo de Bellas Artes de Madrid el 5 de febrero de 2004. Documento grabado y transcrito.

[71] Extracto de la conversación mantenida entre Ricardo Sánchez Lampreave (1957) y Arturo Franco en el Círculo de Bellas Artes de Madrid el 27 de noviembre de 2003. Documento grabado y transcrito.

N. Maruri

Igual que un arquitecto logra dar orden en un edificio a algo que no tiene ni pies ni cabeza, una revista también es un material sin mucha coherencia al que has de lograr dar un orden.[72]

Sin embargo, hay una generación de arquitectos algo más jóvenes que no conciben el proceso proyectual como una labor en la que existe un único responsable, un solo arquitecto director. Es la generación de los equipos de trabajo, de los tándems, de los grupos, de las parejas, de los matrimonios. La generación de los que ahora rondan los cincuenta años. Una generación que abriría las puertas a otras maneras de trabajar, a los métodos utilizados por arquitectos mucho más jóvenes, a los colectivos, a los grupos de acción. Algo que no vamos a tratar aquí. Una tendencia que nace, al menos en Madrid, a partir de la finalización del periodo recogido en este trabajo y que podría considerarse como el principio de la extinción de este pensamiento común.

Nicolás Maruri, miembro del equipo de arquitectos Amann, Cánovas, Maruri, habla de su caso.

Cuando hablamos del trabajo en equipo no hablamos solo de nosotros tres. Hay más gente en el Estudio que trabaja con nosotros y es importante

---

[72] Extracto de la conversación mantenida entre Antón Capitel (1947) y Rosa Urbano y moderada por Arturo Franco en el Círculo de Bellas Artes de Madrid el 4 de marzo de 2004. Documento grabado y transcrito.

B. Lleó

en el proyecto. Nosotros somos seis en la oficina, y los seis tenemos oportunidad de pensar y hablar.[73]

Blanca Lleó, reciente catedrática de proyectos, ha tenido la oportunidad de coordinar equipos de arquitectos recurriendo a figuras internacionales. En el ensanche de Sanchinarro colabora con el equipo holandés MVRDV en la construcción de dos conjuntos residenciales emblemáticos[74] en lo que se puede considerar una variante más dentro de los procesos de trabajo.

Debo decir que no me interesan demasiado las posiciones inamovibles y consagradas de muchos arquitectos de prestigio. Entre nosotros se trata de saber convencer y, al mismo tiempo, saber hacer tuya la visión del otro; y también saber cambiar de punto de vista. Bajarse del auto-convencimiento y del dogmatismo personal que nos impide seguir pensando. La clave de nuestra colaboración es que, tanto MVRDV como yo, hacemos esto con normalidad. Por ejemplo, recuerdo una sesión de trabajo, muy al principio, donde debatíamos posiciones encontradas. Entonces, Jacob me propuso hacer un intercambio de posiciones: él

[73] Extracto de la conversación mantenida entre Andrés Cánovas (1958), Nicolás Maruri (1961) y Arturo Franco en el Círculo de Bellas Artes de Madrid el 25 de marzo de 2004. Documento grabado y transcrito.

[74] Extracto de la conversación mantenida entre Blanca Lleó (1959) y Arturo Franco en el Círculo de Bellas Artes de Madrid el 13 de noviembre de 2003. Documento grabado y transcrito.

*haría suya mi idea y yo asumiría como propia la suya. Y llegamos a con-
clusiones sorprendentes. No rehuir el conflicto y ponerse en la piel del
otro nos da una perspectiva insólita. Es una gran satisfacción trabajar
con Jacob, admiro su visión limpia y desprejuiciada. A veces veo en
ellos una inconsciencia y un atrevimiento casi infantiles que resultan
muy necesarios en el entorno arquitectónico madrileño, excesivamente
convencional.*

*En la fase de investigación, cuando estábamos estudiando hasta dónde
se podía romper la manzana, yo me iba tres días a Rotterdam y, luego,
Jacob van Rijs venía tres días a Madrid. Y, durante ese tiempo, nos
encerrábamos y le dábamos vueltas al proyecto. Después, a medida que
el proyecto avanzaba y gracias a las nuevas tecnologías, dejamos de
viajar tanto pero nos manteníamos permanentemente en contacto. En
cuanto a la dirección de la obra, no podemos enviar el edificio allí... Así
que Jacob viene a Madrid una vez al mes para ver cómo marcha todo. En
definitiva, todo funciona incluso mejor que en los proyectos realizados
con gente de aquí con la que tenía afinidad de ideas... Por otra parte,
funciona muy bien que tu compañero te sorprenda. Yo recuerdo que,
después de un día de trabajo, Jacob me decía: "Ahora, yo me llevo tu
idea y tú te quedas con la mía. Y así mañana tú tienes que defender mi
idea y yo la tuya...". Y me alegro mucho de haber acertado con esa colaboración porque no creo que con Foster hubiese sido igual...*

Con un Ayuntamiento en Madarcos, un pequeño pueblo de Madrid,
Emilio Pemjean, Carmen Martínez Arroyo y Rodrigo Pemjean, recién
titulados, se situaron en el centro de la escena arquitectónica madrileña. De nuevo una llamada a lo vernáculo desde lo contemporáneo,
algo recurrente en nuestra propia historia. Una llamada de atención.
Un recuerdo certero para estabilizar el panorama. Aquí nos hablan
Emilio y Carmen de su manera de trabajar.

*Los tres... Primero hay una fase de discusión, sin dibujar, y en ese pro-
ceso las ideas se van asentado. Después, cada uno dibuja lo suyo. A
continuación, nos volvemos a juntar y dialogamos nuevamente...*

*Y nunca nos quedamos con un único papel —apunta Martínez Arro-
yo—. A lo mejor, un papel pesa más, pero se le van incorporando elementos de los demás.*

C. Martínez Arroyo
y R. Pemjean

Emilio Pemjeam concluye.

*No hay ningún proyecto que uno de nosotros pueda decir que es total-
mente suyo.*[75]

En este apartado del análisis, hasta ahora, se ha escrito sobre el
proceso, el pensamiento, el estudio y el esfuerzo necesarios en
el recorrido proyectual. En el proceso de trabajo, en el camino del
orden, de la idea totalizadora a la que nos vamos aproximando con
esfuerzo utilizamos, inevitablemente, el lenguaje, la geometría y
la escala como herramientas. Nos condiciona la importancia de la
gravedad y nos interesa el equilibrio en sus estados límite, que son
capaces de provocar reacciones de complicidad con el individuo y
con el entorno.

El movimiento, la gravedad, el peso, la energía y el propio tiempo son
temas recurrentes en la obra del escultor turinés Giovanni Anselmo.
Especialmente en sus piedras pendientes de un hilo de acero realiza-
das entre 1984 y 1991. Provocan desconcierto observadas desde abajo.
Cierta sensación de riesgo. Sin embargo, la gravedad, el equilibrio y la
escala controlada aparecen en el discurso de Juan Navarro Baldeweg
en su *Mesa* llena de objetos que desafían, tranquilos, la ley de las leyes

[75] Extracto de la conversación mantenida entre Carmen Martínez Arroyo (1959), Emilio
Pemjean y Arturo Franco en el Círculo de Bellas Artes de Madrid el 29 de mayo de 2003.
Documento grabado y transcrito.

J. Navarro Baldeweg

físicas. Donde forma, peso y equilibrio son indisolubles.[76] Navarro Baldeweg en su condición de referente indiscutible de la arquitectura madrileña nos muestra, a través de sus exploraciones artísticas y despojadas de cualquier atributo arquitectónico, la importancia de la geometría, la gravedad y la escala en nuestro trabajo. El proyecto *La mesa* (1974-2005) está conformado por un gran escenario sobre el que se disponen un conjunto de piezas, en las que el equilibrio, la gravedad y la tensión estructural articulan una singular propuesta artística.

Este conjunto escultórico está formado por 31 obras, situadas sobre una estructura de 130 x 220 x 950 centímetros, y presenta, a modo de laboratorio, un *continuum* en el que las combinaciones estructurales y formales se multiplican sobre la extensa superficie de la mesa, generando espacios dinámicos cargados de significación.

La mesa se expuso en el Museo Oteiza junto con 160 dibujos que mostraban el escenario de la ideación previa.

Pero Navarro viene apuntando estas cuestiones en su trabajo como artista desde al menos 1973 con su ya clásica fotografía sobre "la columna y el peso". Aquí lo expone en una entrevista con Luis Fernandez Galiano para Arquia.

[76] NAVARRO BALDEWEG, Juan; "La mesa", Arquitectura COAM, 364, n° 3, 2011, p. 62-63.

La columna y el peso no es una ocurrencia. Había una serie de trabajos detrás que tenían que ver con la arquitectura como un cuerpo vibratorio por así decirlo...

Las mismas inquietudes que podríamos encontrar en la poética elemental brasileña, en los nuevos discípulos de Vilanova Artigas. En el depósito de agua de la casa en Almeida da Sierra de Ángelo Bucci y Álvaro Puntoni.[77] O en su casa de Carapicuiba.

Existen similitudes y preocupaciones comunes en otros lugares del mundo coincidentes en el tiempo. Simplemente algún apunte.

En Porigovo, hacia 2001, Alexander Brodsky monta, sobre un embalse cercano a Moscú, una construcción elemental adintelada hincada sobre el terreno.[78] Palos verticales y horizontales. El Restaurante 95° recibe este nombre probablemente por la única decisión importante que toma el arquitecto: Inclinar la estructura básica 5° hacia el agua . El vencimiento de todo el sistema genera un desequilibrio estable que relaciona el edificio con el lago manteniendo la tensión congelada ante la visión del hombre. Menos importante es cómo y dónde introduce las funciones entre los palos. Pero no es necesaria la participación de un arquitecto para encontrar situaciones similares. En una calle cualquiera de Shanghai[79] el andamiaje de bambú que encinta la manzana sufre y se contorsiona 5° empujado por el desplome de las fachadas, provocando sensaciones parecidas .

Regresando a Madrid, para Alberto Campo Baeza estos puntos tienen una importancia fundamental en su trabajo y en la consecución del orden.

La gravedad, la estructura y la geometría son definitorias. A veces, en la Escuela se ha creído que despreciamos la estructura, que la estructura es algo que viene después. Y yo recuerdo que Sota, con gracia gallega, siempre nos decía: "Ustedes no cogen a un niño recién nacido y dicen:

---

77 "Guía elemental de Sao Paulo", Arquitectura COAM, n° 356, 2° trimestre, 2009, pp. 78-79.

78 "Restaurante 95°, Pirogovo, Moscú, Rusia, 2001 (Brodsky, Alexander)", Arquitectura COAM, n° 362, 1er cuatrimestre, 2011, p. 24-27

79 "Guía elemental de Hangzhou", Arquitectura COAM, n° 357, 3er trimestre, 2009, pp. 76-77.

A. Campo Baeza

'¡Anda, falta el esqueleto!' Y abren al niño de arriba abajo y le introducen el esqueleto...". Es todo un mismo organismo donde el propio cuerpo está manifestando el esqueleto lógico. Los materiales de arquitectura pesan. Sin embargo, la estructura no es solo un elemento capaz de transmitir las cargas al suelo; también transmite el orden.[80]

Para acabar de aproximarnos al orden vuelvo a recurrir a un extracto del libro al que hacíamos referencia al principio de este apartado. Parece oportuno por introducir alguna variable más y la relación entre la forma, el ritmo y el hombre y las opiniones de Tolstoi, Spencer y Shklovsky.

La relación entre el modelado formal de un edificio y la ordenación auditiva de un poema, por un lado, y las necesidades sociales, por otro, tiende a ser tomada de una manera mecanicista. Shklovsky hace referencia a los comentarios de Herbert Spencer sobre el ritmo en la poesía. Spencer lo comparaba con las 'sacudidas variables' del cuerpo que, si se repiten "en un orden definido", pueden permitir que el cuerpo se ajuste mejor a las "articulaciones desordenadas" que recibe la mente, las cuales, "dispuestas rítmicamente", pueden permitir que la mente "economice sus energías anticipando la atención requerida para cada sílaba". Para Spencer el ritmo es un medio de vencer la "fricción y la inercia" que "disminuyen la eficacia". Shklovsky critica esta inter-

---

[80] Extracto de la conversación mantenida entre Alberto Campo Baeza (1946) y Arturo Franco en el Círculo de Bellas Artes de Madrid el 18 de marzo de 2004. Documento grabado y transcrito.

*pretación económica del ritmo que denomina el "rumor conjunto" de
los "miembros de la obra". A este enfoque yuxtapone una teoría inspirada en Tolstoi en la que la poesía tiene una función social, mucho
más compleja, que conoce la existencia de conflictos en la sociedad, la
necesidad de la crítica social y el compromiso social de la poesía como
actividad crítica.*

*La función de la poesía, como la de todo arte, es contrarrestar el
impacto destructivo de la vida social cotidiana y de las relaciones
sociales establecidas. Debe detener y depurar, en palabras de Tosltoi,
todo aquello que "devora las obras, los vestidos, los muebles, la vida
de cada uno, y el temor a la guerra", el efecto aislante de la habitación.
Shklovsky hace referencia a la anotación de fecha 1 de marzo de 1897
en los diarios de Tolstoi.*

*"Estaba limpiando una habitación, dejando vagar mi mente; me acer-
qué al diván y no pude recordar si le había quitado el polvo o no. Puesto que estos movimientos son habituales e inconscientes, no pude
recordar y comprendí que era imposible recordar... Si alguna persona
hubiera estado observando conscientemente, se hubiera podido establecer el hecho. Si, por el contrario, nadie estaba mirando, o la estaba
haciendo de forma inconsciente, si las vidas enteras, tan complejas,
de muchas personas transcurren inconscientemente, es como si tales
vidas nunca hubieran existido".*

*Para Tolstoi, la forma de recuperar la consciencia es, según Shklovsky,
la "deshabituación", el hacer consciente a las personas de sus vidas
dando forma al ambiente cotidiano con el que uno entra en contacto
mediante un orden ligeramente diferente.* [81]

No tuve la oportunidad de hablar directamente con Francisco
Javier Sáez de Oiza pero, afortunadamente, se conservan testimonios escritos y mensajes transmitidos oralmente como los que aquí
se han recogido trufados entre las entrevistas. En 1986, durante una
conversación con Pilar Rubio, nos hablaba sobre la trascendencia
del orden y su vinculación a nuestra sociedad.

---

[81] TZONIS, Alexander; *El clasicismo en arquitectura: la poética del orden*, Blume, 1984.
pp. 206-207.

F. J. Sáenz de Oiza

Los pueblos no tienen más arquitectura que la que buscan y, si no buscan la arquitectura, no la encuentran. Los arquitectos somos meros instrumentos. Los pueblos tienen la arquitectura que se merecen. Si la arquitectura de nuestro tiempo no tiene orden, es que el orden no existe. Nuestro tiempo es peligroso, crítico o malo, porque la arquitectura es peligrosa, crítica o mala. Cuando la arquitectura es anodina, quiere decir que el hombre es anodino, que no tiene ambiciones colectivas o políticas, y se levantan ciudades que nacen ya muertas desde el punto de vista de la grafología de la forma. Cualquier analista puede decir que detrás del Madrid actual ¡qué pocos hombres hay!, porque lo que expresa esa arquitectura es una ineptitud, una despreocupación por el orden espacial. Pero, afortunadamente, vienen las crisis y el hombre empieza a encontrarse a disgusto en la ciudad que ha construido y en el orden que ha establecido. Vea usted los ecologistas de ahora preocupándose del orden... ¡De eso nos hemos preocupado siempre los arquitectos! Lo que pasa es que hemos sido desoídos. No se nos hace caso porque el hombre tiene otras preocupaciones, otros intereses. El momento actual de la arquitectura española no es muy bueno porque la sociedad española no es muy buena.[82]

[82] Conversación entre Pilar Rubio y Francisco Javier Sáenz de Oiza en 1986 recogida del libro: SÁENZ DE OIZA, Francisco Javier; *Escritos y conversaciones*, Fundación Caja de Arquitectos, Barcelona, 2006, pp. 22-23.

COMPROMISO
Sobre el origen de la forma, la belleza, la técnica, el programa y la función social

Hasta este momento hemos hablado sobre los lugares o las situaciones en las que se descubre el camino a seguir dentro del proceso arquitectónico, la oportunidad, en el apartado del orden hemos apuntado lo que sucede dentro de ese camino y de cómo todo tiende a organizarse. Ahora y encuadrado dentro de lo que podríamos llamar "compromiso" nos hacemos una serie de preguntas. Hacia dónde nos dirigimos, cuál es el objetivo, por dónde avanzamos y cómo. El compromiso surge cuando alcanzamos la conciencia de aquello que nos cuestionamos y lo aceptamos como válido.

Mientras erremos de acá para allá sin seguir a otro guía que los rumores y los clamores discordantes que nos llaman hacia distintos lugares, se consumirá entre errores nuestra corta vida, aunque trabajemos día y noche para mejorar nuestro espíritu. Hay que decidir, pues, a dónde nos dirijamos y por dónde, no sin ayuda de algún hombre sabio que haya explorado el camino por donde avanzamos, ya que aquí la situación no es la misma que en los demás viajes; en estos hay algún sendero, y los habitantes a quienes se pregunta no permiten extraviarse; pero aquí el camino más frecuentado y el más famoso es el que más engaña. Nada importa, pues, más que no seguir, como ovejas, el rebaño de los que nos preceden, yendo así, no a donde hay que ir, sino a donde se va. Y ciertamente nada nos envuelve en mayores males que acomodarnos al rumor, persuadidos de que lo mejor es lo admitido por el asentimiento de muchos, tener por buenos los ejemplos numerosos y no vivir racionalmente, sino por imitación.[83]

El compromiso, en este caso, podría traducirse como la obligación contraída con uno mismo, nuestras propias convicciones, nuestras seguridades e inseguridades, en definitiva la ética misma aplicada al devenir arquitectónico y en algunos casos, o para algunos arquitectos, los códigos morales.

[83] SÉNECA, Lucio Aneo; *Sobre la felicidad*, Alianza Editorial, 2004, pp. 42-43.

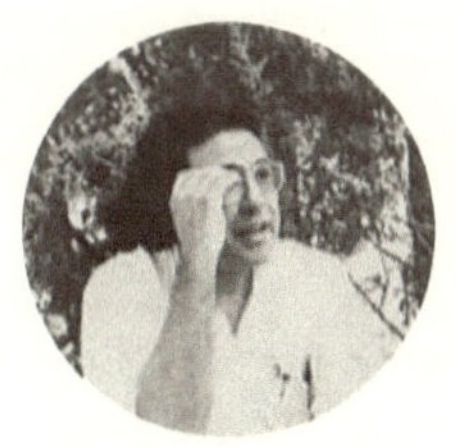 

F. Alonso   I. Ábalos

Existe un hecho evidente que parece enteramente moral: un hombre es siempre presa de sus verdades. Una vez que las reconoce, no puede apartarse de ellas. No hay más remedio que pagarlas. [84]

En estos momentos nos adentramos en un terreno pantanoso, como diría Francisco Alonso: en una ciénaga primitiva, en la pregunta primera, en el primer anhelo. Nos preguntamos cómo se alcanza la Belleza, lo sublime o cualquiera de sus variantes. Cómo algo acaba siendo bello. Para eso partimos de la negación misma de la pregunta, nos refugiamos en el trabajo y en la técnica y nos olvidamos de esa búsqueda, al menos en apariencia. Nos disfrazamos de técnicos al servicio de lo social y escondemos nuestras vanidades, nuestro deseo de trascender, rechazamos la artisticidad. Así se recoge en este discurso coral.

Hablando de belleza nos tropezamos con el origen de la forma.

Habría que aclarar la importancia de la forma como tal y su asociación indisoluble con la arquitectura para analizar más adelante cómo llegar a ella.

La arquitectura es una forma –explica Francisco Alonso en una conversación–, *es algo que el hombre admite en verdad, no es una sustancia, es una forma; pero es una forma en el sudario de la materia. Esta*

---

[84] CAMUS, Albert; *El mito de Sísifo*, Losada, 2007, p. 45.

*profunda relación plantea una de las dificultades actuales de la arqui-
tectura. La materia ha enfermado y no podemos seguir dando por hecho
una relación que hasta hoy nos ha venido dada con la arquitectura. La
técnica ha despoblado los bosques, ha provocado la desaparición de
animales. La voracidad de la devastación de la tierra como sustancia ha
producido una reducción del papel que el material puede plantear como
tal. Por lo tanto, la materia se ofrece a la arquitectura como una materia
enferma. Lo vemos en las construcciones de hoy, en las construcciones
sin vida. Recordemos un ladrillo holandés del siglo XV. La naturaleza
está devolviendo la prisa a su manera.* [85]

En un breve apunte Iñaki Ábalos introduce el concepto de lo neomatérico como un argumento de proyecto que comienza a desarrollar-
se en Madrid durante esta etapa y que acaba por condicionar desde
la fase de ideación el resultado formal. Como un camino más hacia
la forma.

*En lo neomatérico, la materia pasa a ser el ADN del proyecto y es capaz
de extrapolar sus propias leyes a la arquitectura, por no hablar de lo que
supone la aparición de los nuevos materiales.* [86]

Se podría interpretar la siguiente frase de Bertolt Brecht desde el
punto de vista arquitectónico y entender lo que él llama *"la cosa en sí"*,
como algo parecido a la forma o como el hecho construido mismo.

*El arte debe producir la cosa en sí, la inconcebible. Pero el arte no ha de
presentar las cosas ni como evidentes (hallando aprobación sentimental) ni como incomprensibles, sino como comprensibles, pero todavía no
comprendidas.* [87]

Menos metafísicas y más pragmáticas son las opiniones de Antonio Miranda al respecto de la forma óptima de las cosas vinculada

[85] Extracto de la conversación mantenida entre Francisco Alonso y Arturo Franco en
el Círculo de Bellas Artes de Madrid el 2 de diciembre de 2004. Documento grabado y
transcrito.

[86] Extracto de la conversación mantenida entre Iñaki Ábalos (1956) y Arturo Franco con
motivo de un seminario de verano titulado "La Belleza del siglo XXI". Junio 2002. Documento grabado y transcrito.

[87] BERTOLT, Brecht; *El compromiso en literatura y arte.* Península, p. 26.

A. Miranda   F. J. Sáenz
                    de Oiza

a la extricta necesidad y a su geometría interna. Para argumentar cómo se reconocen los objetos artificiales más bellos añade algunos ejemplos más a los que ya presentara Le Corbusier en 1923 para iniciar la era de la máquina. Conviene recordarlos pues parece que se estaban olvidando. Ahora bien Antonio Miranda recurre a ellos sin la metafórica relación de esos objetos con la forma arquitectónica, ni con la asociación a la arquitectura del pasado por la que Le Corbusier justificaba su interés. Habla del objeto en sí y de su valor en sí.

En rigor, la crítica de la arquitectura no es diferente de la crítica de cine o de música. Las tres disciplinas se encuentran sometidas en el pensamiento del hombre a una estructura prioritariamente geométrica que después se diversifica. Pero hay una suerte de razón común, una suerte de verdad en la geometría óptima de una cosa. Y eso se ve en los objetos artificiales más bellos, que son productos de la industria en los que la sagrada necesidad está por encima de cualquier otra cosa. Por ejemplo, los instrumentos: un instrumento musical, un instrumento de laboratorio, incluso un instrumento de guerra... Son pluscuamperfectos. Porque allí no hay tensiones de moda ni de artisticidad ni esteticistas. Solo existen tres valores que sirven también para la música y para el cine: una lógica interna como la que tiene el saxofón, o el piano, relacionada directamente con la geometría; un sentido exterior, para que sea utilizado de la mejor manera posible; y cuando se suman ambas cosas, la verdad integral por la que dices: "esa locomotora es buena". La belleza está vinculada a ese tipo de objetos.[88]

Imagino que estas opiniones de Miranda algo tendrían que ver con sus conversaciones intergeneracionales con Sáenz de Oiza al hilo de una entrevista mantenida en 1986 en la que Francisco Javier Sáenz de Oiza habla exactamente de lo mismo.

Siento la idea de que la obra debe ser impersonal; siempre contesto con el texto de Joyce, en el Retrato del artista adolescente, que dice que el verdadero creador, como el Dios de la creación, está por encima y por debajo de su propia obra, indiferente, limpiándose las uñas. Imponer una línea a tu arquitectura es como firmarla. Cervantes no se ve en El Quijote, se ve en los personajes. La bicicleta es el verdadero diseño. ¿Quién hace la bicicleta? ¿Quién hace la Divina Comedia? ¿El Dante? ¿O el cambio social de la época? Yo creo que firmar un proyecto es cosa mala, y buscar tu propia línea como la tiene Scarpa...A mí me interesa la línea de Le Corbusier, que es monumental en hormigón; o de Mies, que es dórica en acero.

Los coches son como tienen que ser, me parece mucho más coche uno impersonal que uno diseñado por Pininfarina.[89]

Algo más prosaico pero tremendamente claro es Hemingway al hablar en otra entrevista, en la que no estaba presente, sobre el sentido crítico de los escritores a la hora de aceptar o descartar opciones. Podríamos extrapolarlo a los arquitectos sin mucha desviación.

Sería mejor que los escritores sin un sentido de la justicia y la injusticia editaran el anuario escolar de un colegio de niños privilegiados, que dedicarse a escribir novelas. (...) El don esencial para un escritor

---

[88] Extracto de la conversación mantenida entre Antonio Miranda (1942) y Arturo Franco en el Círculo de Bellas Artes de Madrid el 5 de febrero de 2004. Documento grabado y transcrito.

[89] Conversación entre Vicente Patón, Pierluigi Cattermole y Francisco Javier Sáenz de Oiza en 1986 recogida del libro: SÁENZ DE OIZA, Francisco Javier; *Escritos y conversaciones*, Fundación Caja de Arquitectos, Barcelona, 2006, pp. 46.

A. Miranda

es un detector de mierda incorporado y a prueba de golpes. Este es el radar del escritor y todos los grandes escritores lo han tenido.[90]

Me permito volver a traer a colación a Antonio Miranda para hablar de belleza y verdad por su constante compromiso con el desenmascaramiento de lo falso y por la reciente publicación de su libro *Arquitectura y Verdad*. Aunque aquí lo que se recogen son comentarios extraídos de una conversación mantenida hace más de diez años.

El arquitecto que se preocupe por el efecto que va a provocar en sus contemporáneos está condenado al kitsch. Está condenado a ser olvidado por la posteridad. Ha caído en lo que los clásicos denominaban el parentirso, que era la máxima bajeza del poeta: intentar satisfacer a todos cuando sabemos, de un modo casi matemático, que, a cuanta más gente satisface una obra, peor es... El parentirso se consideraba la abyección del fabricante de una obra. Abyecto en el sentido de intentar masajear de un modo más o menos prostibulario al espectador. Y eso es lo que hemos visto en estos últimos 30 años, especialmente en Estados Unidos, donde al sistema de cretinización colectivo, de embrutecimiento general, le interesa que el horror pase por belleza. Porque si entras en el terreno de la ignorancia inmediatamente tienes miedo. Y el miedo es el negocio más grande para el sistema de dominación mundial.

[90] Hemingway entrevistado en: VV.AA.; *Hablan los escritores*. Kairós literatura, p. 141.

C. Sambricio

*No estoy diciendo nada nuevo, esto se sabe desde la época de las van-
guardias. Pero personajes tan progresistas como Ruskin, Morris o el
propio Oscar Wilde no entendían que la belleza estuviese fuera de la
naturaleza. Para ellos, la belleza era una flor o un caballo; pero no una
bicicleta. Y eso es terrible. Es la causa de que el siglo XIX, desde el
punto de vista arquitectónico, no se pueda coger ni con pinzas. Solo hay
dos obras que se pueden salvar, el resto es detritus.*[91]

Estas últimas palabras podrían coincidir en ciertos aspectos con
las de Carlos Sambricio, Catedrático de Historia de la Arquitectura
recientemente jubilado. Al hilo de su compromiso con la investigación histórica, centrada en algunos periodos determinados, coinciden en su poco interés por el siglo XIX y en las formas generadas
bajo aquellas condiciones, salvo el interés suscitado por la técnica y
los ingenieros que la desarrollaron.

*Yo no veo la historia en su totalidad, porque mi planteamiento es más
abstracto e intelectual y no operativo. Por qué no me interesa el XIX, o
los años diez por ejemplo. Porque yo que no tengo una visión general,
intento analizar cuándo y de qué forma se producen en la historia contradicciones, rupturas epistemológicas. Las rupturas del conocimiento*

---

[91] MIRANDA, Antonio; *Arquitectura y Verdad*, Cátedra, Madrid, 2013.
Extracto de la conversación mantenida entre Antonio Miranda (1942) y Arturo Franco
en el Círculo de Bellas Artes de Madrid el 5 de febrero de 2004. Documento grabado y
transcrito.

M. Bayón

A. Lamela

A. Alonso

afloran en momentos determinados, en el renacimiento, en el XVIII. Me resulta más interesante rastrear los momentos que parten desde la ausencia de tradición y los principios, más que los finales. Si tuviera que estudiar algo en el XIX sería exclusivamente a los ingenieros. Me interesa ver cómo se plantean esos inicios, cuáles son los supuestos, etc.[92]

En resumen y para aclarar lo que apuntaba en las primeras líneas de este apartado cuando decía que partimos de la negación misma de la pregunta acerca de la belleza, recurro a cuatro o cinco testimonios evidentes.

Si el arquitecto tiene por objetivo la belleza, es un pobre diablo. El objetivo del arquitecto tiene que ser la nobleza de lo auténtico en el mundo al servicio de los hombres.[93]

Sentencia Miranda y confirma Mariano Bayón.

Los que buscan la belleza no la encuentran, y los que no la buscan la encuentran. Lo decía Nietzsche: "Me gustaría ser de aquellos que, por no buscar la belleza, la encuentran"...[94]

[92] Extracto de la conversación mantenida entre Carlos Sambricio (1945) y Arturo Franco en el Círculo de Bellas Artes de Madrid el 13 de mayo de 2004. Documento grabado y transcrito.

[93] Extracto de la conversación mantenida entre Antonio Miranda (1942) y Arturo Franco en el Círculo de Bellas Artes de Madrid el 5 de febrero de 2004. Documento grabado y transcrito.

[94] Extracto de la conversación mantenida entre Mariano Bayón (1942) y Arturo Franco en el Círculo de Bellas Artes de Madrid el 5 de diciembre de 2002. Documento grabado y transcrito.

V. Acebo   J. M. Prada Poole

Comentado en otros términos pero hablando de lo mismo Antonio Lamela con 76 años y Ángel Alonso con 36 coinciden en lo principal.

Para mí, la arquitectura ha de ser funcional. Además, la arquitectura debe hacerse de dentro hacia fuera. Si con esos planteamientos vas buscando soluciones lógicas técnicas, de materiales y de los elementos industriales que están en el mercado, el resultado plástico y estético es razonable. Lo que no es razonable es hacer la arquitectura al revés, de afuera hacia dentro –lo que ahora está muy de moda–, porque al final te puedes encontrar con que dentro no cabe nada.[95]

Ángel Alonso continúa. *La forma debe ser un componente tan importante como el programa, el dónde o el para qué. Y nunca la tratamos a priori, siempre surge.*

Victoria Acebo le resta importancia al valor de lo bonito o lo feo como subproductos de lo bello.

Y a veces surge y no te gusta.[96]

Estamos en la época del barroco –apunta Prada Poole–, o como la del

[95] Extracto de la conversación mantenida entre Antonio Lamela (1926) y Arturo Franco en el Círculo de Bellas Artes de Madrid el 22 de octubre de 2002. Documento grabado y transcrito.

[96] Extracto de la conversación mantenida entre Ángel Alonso (1966) y Victoria Acebo (1969) y Arturo Franco en el Círculo de Bellas Artes de Madrid el 1 de octubre de 2002. Documento grabado y transcrito.

M. Fisac

barroco, en la que la base formal, los conceptos del renacimiento, han quedado demasiado encorsetados y han desaparecido.

Aunque yo lo haya dicho de forma peyorativa, el barroco no es una degeneración de las formas; aunque sí lo es, si a lo mismo de antes le das representaciones formales distintas. Si el contenido es el mismo y el énfasis se pone en la representación formal, estamos ante un juego formal más o menos entretenido, pero que no hace que la arquitectura prospere.[97]

Como siempre, Miguel Fisac no puede ser más claro.

Exactamente es que la arquitectura no es un problema de erudición ni de conocimiento. Por supuesto, tienes que saber. Yo no he querido ir a la Escuela a enseñar porque no sentía vocación profesional. Sin embargo, considero que a los que no han estado en una escuela, aprendiendo, se les nota, por muy genios que sean –incluyendo a Le Corbusier– se les nota que no tienen un conocimiento elemental de las cosas que se deben saber para poder acompañar a la arquitectura. Es importante tener el conocimiento técnico, histórico, humano... Pero la arquitectura sale al final.[98]

[97] Extracto de la conversación mantenida entre José Miguel Prada Poole (1938) y Arturo Franco en el Círculo de Bellas Artes de Madrid el 30 de noviembre de 2004. Documento grabado y transcrito.

[98] Extracto de la conversación mantenida entre Miguel Fisac (1913), Javier Carvajal (1926) y Arturo Franco en el Círculo de Bellas Artes de Madrid el 28 de septiembre de 2001. Documento grabado y transcrito.

J. Elvira   J. L. Arana   M. Aroca

Justificando sus lecturas, uno de los jóvenes arquitectos más brillantes de su promoción, Juan Elvira, habla de Fisac. Todavía recuerdo las maquetas de Juan estando yo en elementos de Composición y él en Proyectos III. Delicadas y precisas. Perdón, me pierdo...

Fisac es un arquitecto que ha sido capaz de generar una visión propia de la arquitectura, y que tiene una sensibilidad extrema en el uso del material a base de enfrentarse a él como los artesanos –comenta Juan Elvira–. De modo que, evidentemente, para él es absurdo hacer cualquier consideración sobre los herreros como la hace Deleuze. Es decir, nosotros leemos a Deleuze como arquitectos jóvenes y tenemos que tomar conciencia de determinadas realidades materiales de la arquitectura, mientras que, afortunadamente para ellos, otros no tuvieron que tomar ese camino. [99]

Sin embargo, y volviendo al origen de la forma, la forma surge, también, a través de otros mecanismos. Sirva este ejemplo práctico que nos traen José Luis Arana y María Aroca para ilustrarlo.

Nosotros, en estos casos, no actuamos como arquitectos de diseño. En Nájera había que sacar las formas antiguas de los arcos formeros de las bóvedas, que estaban muy deformados. Así que nos preguntamos:

[99] Extracto de la conversación mantenida entre Juan Elvira, Clara Murado, Enrique Krahe y Arturo Franco sobre la revista OESTE en el Círculo de Bellas Artes de Madrid el 4 de abril de 2004. Documento grabado y transcrito.

"¿Cómo serán?" Y como estas cosas son todas de la misma familia, de una que no esté hecha se saca la plantilla, y de la plantilla se saca la forma... Como anécdota, yo les explicaba a los albañiles que, para llegar a estas conclusiones, hay que saber que en aquel tiempo viajaban por el campo con un carro de bueyes en el que llevaban las cimbras... Y ellos me contestaban: "Sí, José Luis, ya hemos leído Los pilares de la Tierra". Era verdad, a veces venían con el libro debajo del brazo...

Y María Aroca apunta. Incluso, en algunas ocasiones, paraban un tajo hasta que llegábamos y nos decían: "¡Mirad! Esto viene en el libro...".[100]

No puedo evitar hablar aquí de Antonio Pérez, editor y escultor afincado en Cuenca. Antonio es un referente de muchos arquitectos de Madrid aún sin saberlo. Antonio Pérez no busca la forma y por tanto la belleza, la encuentra. Se encarga de descubrir el arte en los objetos existentes, en las cosas. A fuerza de no buscar la belleza a través de sus acciones, la encuentra.

Por qué no recurrir a un *"antiartista"* para ejemplificar la actitud de un colectivo de arquitectos que huyen de la búsqueda premeditada de la belleza.

Es una actitud que tienen gran parte de los arquitectos de Madrid que me parece apropiado recoger en este apartado sobre el origen de la forma y la belleza.

Los demás ya no encontramos objetos, encontramos lo que Antonio Pérez no ha encontrado o en el mejor de los casos encontramos Antonios Pérez por ahí tirados. André Guidé dijo en una ocasión: "Nosotros tenemos que insuflarle vida a las piedras para que no estén por ahí tiradas como si fueran animales muertos".

Es un vago constante, dice él, persistente. Un vago que no se cansa de indicarnos con su dedo índice el camino. En silencio, pone en valor lo oculto, desvela algunas virtudes y desnuda nuestras miserias.

[100] Extracto de la conversación mantenida entre José Luis Arana (1940), María Aroca y Arturo Franco en el Círculo de Bellas Artes de Madrid el 12 de diciembre de 2002. Documento grabado y transcrito.

A. Miranda

Es la inteligencia del sentido común, de lo que no necesita explicación, de lo evidente, de lo intuitivo, del conocimiento inmediato. La de los sabios no la de los maestros.

Si el sentido del humor es la capacidad de reírse de uno mismo, ha conseguido poner a prueba a media generación de artistas contemporáneos. Algunos se han reído más que otros, a más de uno le ha sacado los colores, le ha dejado en evidencia: *En mis paseos a la búsqueda de objetos he encontrado Sauras, Tapies, muchos Tapies, Chillidas, Beuys y hasta Picassos, pero nunca he encontrado un Rembrandt ni un Velázquez.*[101]

Su sencillez es de acero inoxidable dice su amigo Rafael Conte.[102]

Precisamente el talento silencioso de Antonio Pérez se encuentra recogido en estas últimas palabras de Antonio Miranda para hablar de la belleza.

Antonio Gramsci escribió una frase en una de las cárceles de Mussolini que dice, más o menos, que hacer nueva arquitectura no consiste en iniciar el camino individualista de la invención ingeniosa, de la belleza que gusta al pueblo majo, sino, por el contrario, de un modo colectivo,

[101] Extracto de la conversación mantenida entre Antonio Pérez (1940 y Arturo Franco en la Fundación Antonio Pérez en abril de 2009. Documento grabado y transcrito.

[102] Texto de Rafael Conte incluido en: PÉREZ, Antonio; Catálogo Fundación Antonio Pérez, Diputación de Cuenca, Cuenca, p. 45.

F. Higueras

buscar lo que Heráclito llamaba el saber común, las verdades últimas, y colectivizarlas.[103]

Como decía al principio de este apartado relacionado con el compromiso, los arquitectos nos queremos olvidar de la búsqueda consciente, premeditada de la belleza y para ello nos refugiamos en el trabajo y en la técnica. Entendemos la industria como una herramienta que debemos transformar, manipular, para extraer soluciones apropiadas, específicas. Modificar el punto de vista, su lectura lineal y revisarla en cada caso según las necesidades particulares. Eso nos distancia de la mirada del ingeniero. Una mirada estrictamente disciplinar. Una mirada, la del ingeniero, que a pesar de todo precisamos para certificar esas modificaciones. Existe un cierto compromiso hacia la técnica.

Fernando Higueras reconoce la relación que tuvo con algunos ingenieros, incluso más allá de lo profesional, de la misma manera que otros grandes arquitectos pudieron establecer con sus ingenieros. Como es el caso de Louis Kahn y Komendant, especialmente en el museo Kimbell, que procede de la tradición americana y en concreto de la primera Escuela de Chicago. En muchas ocasiones la solución es indisociable a ambos y no permite discernir la autoría.[104]

---

[103] Extracto de la conversación mantenida entre Antonio Miranda (1942) y Arturo Franco en el Círculo de Bellas Artes de Madrid el 5 de febrero de 2004. Documento grabado y transcrito.

[104] KOMENDANT, August; *18 años con el arquitecto Louis Kahn*, Edita COAG, Santiago de Compostela, 2000.

A. Lamela

*Sí, trabajé con un magnífico ingeniero y artista amigo mío que me pres-
taba a menudo 2.000 pesetas para llegar a fin de mes... Y cuyo hermano
fue mi grafólogo particular. Me casé con mi mujer después de enseñarle
a él tres cartas de tres novias. Y él me dijo: "Esta es la mejor". Y me
casé con ella. Y luego le hicieron ministro tres veces. Estoy hablando de Paco Fernández Ordóñez... Pero con quien yo trabajaba era con
José, que hizo la mili conmigo, y yo fui el peor de la mili y él el mejor...
Después él fue Director de la Escuela de Caminos y calculó todas mis
estructuras. Y he trabajado con su socio, que es el mejor ingeniero y
calculista creativo de España y que se llama Julio Martínez Calzón, que
ha calculado las aparentemente complejas estructuras de Enric Miralles,
un extraordinario arquitecto fallecido a los 45 años.*[105]

En Madrid, Antonio Lamela repasa su dedicación inicial a la introducción de los hormigones armados procedentes de planta en España. Iniciativas que acabaron por transformar la industria durante los
años sesenta. Obsesión permanente de muchos arquitectos como
veremos más adelante. Destacar la importancia de su asociación
con el ingeniero Fernández Casado.

*Cuando yo empecé a ejercer la profesión, los hormigones se hacían en
obra, en una hormigonera que normalmente se manejaba a mano. Y las*

[105] Extracto de la conversación mantenida entre Fernando Higueras (1930) y Arturo
Franco en el Círculo de Bellas Artes de Madrid el 15 de octubre de 2002. Documento
grabado y transcrito.

*dosificaciones eran penosas: espuerta va espuerta viene; cada espuer-
ta tenía su dimensión; el cubo de agua, a veces, estaba agujereado...
Hacíamos trabajar aquellos hormigones a 50 kilogramos por centímetro
cuadrado, algo que a mí me horrorizaba. Y, cuando salí al extranjero,
pude comprobar que los hormigones nunca se hacían en obra, sino en
plantas especializadas a las que les pedías por teléfono un hormigón con
unas características particulares. Por ese motivo, yo fui quien introdu-
jo en España los hormigones preamasados. Durante algún tiempo, fui
Presidente de Prebetong Madrid, Prebetong Aragón, Prebetong Costa
del Sol... y, en el momento en que aquello empezó a funcionar, como mi
interés no era ser industrial del hormigón, vendí mis acciones. Y exactamente igual pasó con los hormigones prefabricados. Yo traje a España
Sopbetong, una patente de piezas de hormigón prefabricado con las que
se lograba una gran compacidad. También soy Vicepresidente-Fundador
del Club Español de la Energía. Pertenezco al Foro del Agua y a la direc-
tiva del Club Español del Medio Ambiente... Creo que la arquitectura
tiene que estar imbuida de todo, tiene que estar en todos los campos;
nada es ajeno a la arquitectura.*

Aquí aparece el reconocimiento a la labor del ingeniero.

*Recurrí al hormigón porque me daba pánico hacer edificios suspendidos
con solución metálica, y me daba pánico por el mal comportamiento
del metal en caso de incendio por reblandecimiento de estructuras, que
puede hacer que el edificio se derrumbe como las Torres Gemelas, y
decidí utilizar el hormigón no como mero recubrimiento, sino trabaján-
dolo a compresión. Gracias al apoyo de Carlos Fernández Casado –nadie
más estaba dispuesto a seguirme en esa línea– y de su ayudante, Javier
Manterola, otro excelente ingeniero, pudimos realizar la obra mediante
piezas prefabricadas de hormigón precomprimido, con una altura de dos
plantas, que se iban enhebrando y después se poscomprimían. Como
necesitábamos una cabeza arriba, hicimos unos núcleos resistentes y
aprovechamos para que circularan por ellos los correspondientes eleva-
dores. Encima de los núcleos estaban las cabezas, con un vuelo respeta-
ble, y contra esas cabezas terminamos comprimiendo los edificios.* [106]

[106] Extracto de la conversación mantenida entre Antonio Lamela (1926) y Arturo Franco en el
Círculo de Bellas Artes de Madrid el 22 de octubre de 2002. Documento grabado y transcrito.

E. Torroja   J. M. Sáez

Tengo la intención, durante este recorrido, de ir alejándome, poco a poco, de lo evidente en busca de lo desconocido, de ese mundo por el que le gustaba deambular a Eduardo Torroja. Más allá de lo que se puede construir y, por supuesto, mucho más lejos de lo que somos capaces de proyectar, de anticipar, de visualizar. Los textos nos dirigen hacia el lugar en el que el arquitecto da un paso lateral, pierde protagonismo y su presencia se diluye en el conjunto de una gran obra. Está pero no se nota. Esta es la voluntad que en cierto modo tienen la gran mayoría de los arquitectos de Madrid.

Hemos descubierto en estos arquitectos el interés, entre otras cuestiones, por los sistemas constructivos, pero los sistemas constructivos como una decisión intelectual y no tanto como una exploración de los límites de la técnica.

Me voy a permitir hacer un breve recorrido por obras periféricas muchas de ellas marginales y de fuera de Madrid. Obras que han entendido de la misma manera las cuestiones que preocupan a los arquitectos de Madrid. Obras que no necesariamente coinciden en el tiempo pero que recogen inquietudes parecidas.

En Quito, José María Sáez, junto a David Barragán, construye en 2006 la casa Pentimento en la Morita del valle de Tumbaco.[107] José María

[107] "Casa Pentimento en La Morita. Quito. Ecuador. 2006. (Sáez, José María; Barragán, David)", Arquitectura COAM, n° 359, 1er trimestre, 2010, p. 58-63

Sáez ha sido todo un descubrimiento. Arquitecto madrileño que emigra a Ecuador por amor. Allí va construyendo una escuela de pensamiento, de la que he aprendido mucho, que se adapta con naturalidad y sentido común a las condiciones del lugar. En esta casa optó por una única pieza prefabricada de hormigón que se convierte en estructura, cerramiento, mobiliario o escaleras. A veces se separan más, creando rendijas por las que entra la luz y la vegetación, otras se juntan y se establece una relación distinta con el exterior.

Pero no hace falta irse tan lejos para hablar de sistemas. Sistemas que forman parte del compromiso de muchos arquitectos de Madrid. En la Isla de Mallorca, dos jóvenes arquitectos, Francisco Cifuentes y Pedro Vaquer, construyen un estudio para un pintor.[108] El proyecto nace de la decisión de hacer un aljibe para recoger el agua de la cubierta, circunstancia que se aprovechó para construir un nuevo estudio. Una oportunidad. Para su construcción se utiliza termoarcilla, viguetas de zapata y bovedillas de cemento comerciales. Proponen un nuevo sistema de colocación que ofrece un abanico más amplio de resultados. El interés radica en su utilización poco convencional. En tratar de pensar las cosas desde otro punto de vista, en darle la vuelta al calcetín y al cerebro antes de tomar una decisión. Este proyecto lo rescatamos por su actitud no tanto por su resultado. Una actitud que coincide plenamente con los testimonios que veremos a continuación.

Los sistemas a los que me refiero no solo se basan en la combinación de un objeto, también se pueden basar en la combinación de una idea, de un número, o de varios. En las matemáticas, como comentaba Alberto Campo Baeza. El monje benedictino, Dom Hans van der Laan, analizado por Willem Beekhof, antiguo profesor de la Escuela de Madrid, dedicó sus años en Vaals a pensar y construir espacios para la meditación. A construir aplicando la teoría del Número Plástico. Combinaciones de 1 a 7.[109] En su libro *El espacio*

---

[108] "Estudio para el pintor Damià Jaume, Palma de Mallorca, Baleares. España. 2003. (Cifuentes Utrero, Francisco ; Vaquer Caballería, Pedro)", Arquitectura COAM, n° 354, 4° trimestre, 2008, p. 36-41.

[109] "Dom Hans van der Laan [Hans van der Laan] (Beekhof, Willem)", Arquitectura COAM, n° 360, 2° trimestre, 2010, p. 55.

arquitectónico, se aleja del misticismo y aborda la disciplina desde un punto de vista pragmático, sin pretender descubrir lo sagrado en el proceso. Piensa en una arquitectura para el hombre, no tanto en una arquitectura donde Dios pudiera sentirse cómodo. Construye para el hombre sereno, que duda de sí mismo y establece una frontera intelectual y material con la naturaleza. Un hombre que encuentra un lugar para la reflexión dentro y fuera de sus muros. Podemos ahora decir que cohabitan dos van der Laan en cada una de sus obras. Por una parte, el que procede de la proporción, el eterno, el incuestionable, el que define la arquitectura a través de unos cuantos muros precisos y sus huecos sin concesiones, para que el hombre los descubra, para que, con el tiempo, se descubra a sí mismo. Sin duda el más interesante. Por otro lado, el van der Laan que se enfrenta a la realidad, a la necesidad de convertir Stonehenge en algo habitable, confortable. El arquitecto-monje hijo de su formación artesana, prisionero de sus limitaciones creativas, al servicio de su cliente. El que tiene que cubrir un espacio para protegerlo de la lluvia, colocar unas ventanas, diseñar unas lámparas o unos bancos. Un van der Laan contenido pero inevitablemente contaminado, incómodo, humano, temporal, circunstancial, que solo se descubre de cerca, en la intimidad. Es el primero el que se relaciona más directamente con los sistemas y es en su matemática precisa donde también aparecen indefiniciones, desajustes, errores de la fórmula. Es ahí, en el error, donde la obra alcanza su grado más poético. Las dos versiones del monje-arquitecto conviven en constante contradicción, se aceptan sin remedio, como nosotros aceptamos nuestras debilidades y las de nuestros hijos. Por el territorio intermedio es por el que se mueven muchos arquitectos de Madrid.

Resulta inquietante cómo, sin conocerse, hombres que se han enfrentado a problemas similares en lugares muy distintos y momentos muy distantes, llegan a conclusiones parecidas aplicando el sentido común o inquietudes paralelas. Nada tiene que ver con los derechos de autor. Tal vez, con una cierta adaptación al medio.

Volvemos a saltar. En Rosario, Argentina, nos encontramos a un referente de los arquitectos de la región, contemporáneo del "negro"

Villafañe y maestro de otros muchos. Rafael Iglesia, al que regresaremos más adelante, prescinde de los planos y del dibujo en el proyecto de una escalera de madera. El croquis a escala real, anterior a la obra, se construye como ensayo mediante tablones sin desbastar. Tablones iguales, a modo de zanca estructural, separados entre sí para poder introducir los peldaños entre ellos. Método de apilamiento sencillo. Esta maqueta de trabajo le sirve para descubrir que la instalación de tableros solo funciona sometida a presión. Cuando entra en carga. Para resolver el problema introduce una cuña evidente y manifiesta colocada en contacto con el forjado superior. La cuña es la excepción del sistema. La decisión del arquitecto que conoce las leyes básicas de la física. El elemento que le da sentido al conjunto. En otros casos esto sucede sin arquitecto. Un secadero de congrio sobre las rocas gallegas se compone de una estructura adintelada de redondos de madera, un sistema básico que en el contacto con la piedra necesita de una cuña, una excepción, también de madera, clavada a martillazos por los pescadores para que todo aquello aguante las embestidas del viento en Finisterre. Cuatrocientos treinta años antes otra cuña esconde la poética de una solución estructural todavía hoy mágica. La clave de la bóveda plana del templo pequeño del Monasterio del Escorial. La estereotomía del renacimiento se confirma cuando Juan de Herrera, según dicen, le da una patada al puntal que aguantaba la última piedra central. Nadie, salvo él, tenía la suficiente fe en la gravedad. El asombro se ha prolongado durante más de cuatro siglos.

No conviene reivindicar ahora la importancia de Juan de Herrera y Villanueva, que la tiene, y del Monasterio del Escorial para justificar una determinada identidad madrileña. Eso quedó enterrado definitivamente en el manifiesto de la Alhambra celebrado durante el 14 y 15 de octubre de 1952[110] por la vieja guardia de la arquitectura española formada antes de la Guerra Civil y un incipiente grupo de jóvenes "modernos".

[110] "Sesión de Crítica de Arquitectura. La Alhambra"; Revista Nacional de Arquitectura, nº 136, abril 1953.
Manifiesto de la Alhambra, Dirección General de Arquitectura, Madrid, 1953. CHUECA GOITIA, Fernando; *Invariantes castizos de la arquitectura española. Invariantes de la arquitectura hispanoamericana. Manifiesto de la Alhambra*, Seminarios y Ediciones, Madrid, 1971.

M. Bayón

J. Fresneda y
J. Sanjuán

Sin embargo, quisiera vincular esa actitud y, sobre todo, la importancia de la técnica y la transformación de la industria con la opinión de algunos arquitectos actuales como Mariano Bayón.

Yo creo en la industria y por eso creo que debe ser manipulada por la persona que proyecta. Todos los productos industriales nos vienen muy bien para retocarlos, para reacondicionarlos, incluso para usarlos de manera distinta a como se deberían usar.

Yo creo que todos los materiales de construcción son buenos. En este punto estoy en desacuerdo con esa postura actual que considera abyectos algunos materiales. Mies van der Rohe decía que no importa el material que uses, sino el espíritu con el que lo uses. La industria necesita que el arquitecto intervenga en todos los procesos y vuelva a sacarles tonos y notas que no estaban comprendidos en el catálogo; una arquitectura que vea el catálogo, pero desde una perspectiva distante. [111]

Javier Fresneda junto a Javier Sanjuán han podido aplicar estas ideas a obras emblemáticas de Madrid como la ampliación de la Facultad de Farmacia de la Universidad Complutense. Precisamente Javier Fresneda insiste en los planteamientos de Mariano Bayón.

[111] Extracto de la conversación mantenida entre Mariano Bayón (1942) y Arturo Franco en el Círculo de Bellas Artes de Madrid el 5 de diciembre de 2002. Documento grabado y transcrito.

M. Fisac

Nosotros no aplicamos el catálogo de una forma tan evidente... Sin embargo, creo que construir con catálogo te da más rigor a la hora de ser más esencial y minimalista para que los ensamblajes funcionen bien. Además, también nos interesan los procesos ambiguos, es decir, utilizar muchas herramientas del catálogo pero de forma diferente.[112]

O arquitectos ya fallecidos como Miguel Fisac que a los 88 años recordaba sus inicios con el mismo compromiso hacia la técnica.

Algo que me obsesionó a mí desde el principio es que los arquitectos sirven para hacer viviendas. En vista de lo cual me han encargado poquísimas... Y también que la gente esté contenta en esa sociedad en la que la arquitectura es una aportación a la felicidad general. Algo que no se ha conseguido... De todas maneras, yo creía que el camino podría ser la prefabricación. Y por eso me dediqué a estudiar los sitios donde estaban haciendo prefabricación. Sobre todo en Rusia. Cuando ir a Rusia era un problema tremendo. Pasaporte especial... Recuerdo que, cuando nosotros llegamos al aeropuerto –iba con mi mujer–, ya había una persona esperándonos para seguirnos durante todo el tiempo que estuviéramos en la URSS... Era muy fuerte todo eso... Y a mí me dieron del instituto Torroja cartas para amigos –que eran ingenieros rusos que habían venido a congresos y habían quedado encantados porque aquí los trataban muy

[112] Extracto de la conversación mantenida entre Javier Fresneda y Javier Sanjuán, licenciados en el año 1991, y Arturo Franco en el Círculo de Bellas Artes de Madrid el 14 de noviembre de 2002. Documento grabado y transcrito.

*bien, los ponían en un hotel, comían como en su vida...– y efectivamen-
te a mí también me trataron muy bien y estuve viendo todo aquello y vi
que hacían unos armatostes tremendos que había que llevar y había que
colgar. ¿Y todo eso por qué? Pues porque el hormigón pesa mucho... Y
yo aprendí de la patente que hizo el inventor de las máquinas de coser:
Singer. Que su invento duró 20 años y todo el mundo hacía máquinas de
coser Singer. Cuando yo era pequeño todas la máquinas de coser eran
Singer... Y Singer patentó lo siguiente: una aguja con el ojo en la punta...
Pues yo inventé un edificio en el que lo último que se echa es el hormigón. Puesto que se puede echar líquido... Ese es mi invento en realidad.*[113]

En *Ciencia, industria y arte*, Gottfried Semper, citado por algunos
arquitectos, durante las conversaciones escribe sobre la asociación
del avance de la ciencia con la satisfacción de la necesidad.

*¿Durante cuánto tiempo se devanó los sesos el inventor de la pintura
al óleo, enfrentado a una vieja técnica que ya no satisfacía ciertas
necesidades, antes de descubrir el nuevo conocimiento? Bernard Palissy
gastó la mitad de su vida gastando un esmalte opaco para aplicar a sus
porcelanas, hasta que finalmente encontró lo que buscaba. Estos hombres sabían cómo utilizar su invención porque la necesitaban, y por esto
mismo investigaban y hallaban. De esta forma, el gradual proceso de la
ciencia marchó de la mano con la maestría y con la conciencia de cómo
y hasta dónde la invención podía ser aplicada.*

La necesidad fue la madre de la ciencia.[114]

Javier Carvajal le responde en aquella conversación anterior a
Miguel Fisac.

*Yo he inventado poco... A mí me ha preocupado mucho más que los
edificios respondan a la técnica de nuestro tiempo. Yo he hecho muchos
edificios de hormigón visto pero sin inventos. A mí lo que realmente me
ha interesado de la arquitectura es su destino: que si haces una biblioteca*

---

[113] Extracto de la conversación mantenida entre Miguel Fisac (1913), Javier Carvajal
(1926) y Arturo Franco en el Círculo de Bellas Artes de Madrid el 28 de septiembre de
2001. Documento grabado y transcrito.

[114] SEMPER, Gottfried; "Ciencia, industria y arte". En: HEREU, Pere; MONTANER, Josep
María; OLIVERAS, Jordi; *Textos de arquitectura de la modernidad*, Nerea, Madrid, 1994, p. 154.

J. Carvajal   C. Ruiz Larrea

funcione realmente bien; que si haces una vivienda sea una vivienda donde la gente viva a gusto... Eso es lo que fundamentalmente me ha interesado. A veces me he equivocado de medio a medio. Cuando hice determinadas casas en Madrid pensaba: "¡Me van a encargar muchas!" Pues ni una...[115]

Como un especialista de largo recorrido en la técnica relacionada con el confort climático, César Ruiz Larrea introduce el parámetro de la sostenibilidad.

Las nuevas tecnologías son el gran instrumento de los arquitectos para ligar aparentes contradicciones históricas, como el debate entre la forma y la función: si la función deber seguir a la forma o viceversa... Es la tecnología la que nos va a llevar a solucionar estos problemas si nos los planteamos en serio, si debatimos en serio. Y cualquier arquitecto que no esté comprometido con las soluciones medioambientales carece de validez moral para ello. Debemos empezar a replantearnos el concepto de desarrollo sostenible, un concepto que, además del ahorro energético, incluye el debate sobre los recursos, sobre la calidad de vida, sobre la ciudad como un ser global... Es un nuevo concepto que debemos redefinir entre todos.[116]

[115] Extracto de la conversación mantenida entre Miguel Fisac (1913), Javier Carvajal (1926) y Arturo Franco en el Círculo de Bellas Artes de Madrid el 28 de septiembre de 2001. Documento grabado y transcrito.

[116] Extracto de la conversación mantenida entre César Ruiz Larrea (1950) y Arturo Franco

El compromiso por la técnica, y en este caso por la técnica destinada a alcanzar un mundo más sostenible, no es suficiente para Lipovetsky, al menos no ha sido capaz de disminuir los intereses individuales frente a los colectivos.

La cultura ecológica no ha logrado apartar de su curso las pasiones individualistas al bienestar, estas la han reciclado y reconciliado con la lógica industrial y consumista. Pero, simultáneamente, la sensibilidad ecológica, con sus exigencias de calidad y de salud, ha permitido "moralizar" de alguna manera los procesos de producción y de consumo, reorientar la oferta y la demanda hacia las bioindustrias y los ecoproductos, tecnologías ligeras y limpias. El consenso ecológico no ha puesto fin en absoluto a la carrera del crecimiento y el consumo individualista, ha generado una ecoproducción a la par que una ecología del consumo. Una vez más, la "trampa de la razón" ha llevado a cabo su obra: no son las exigencias absolutas de la razón moral verde las que han permitido la reestructuración efectiva de los sistemas productivos, sino más bien la dinámica de las pasiones individualistas (seguridad, salud, bienestar cualitativo), los intereses económicos y la inteligencia técnica. No hay que desesperar de las éticas utilitaristas del compromiso.[117]

Sería inagotable, imprecisa e incompleta la lista de testimonios e intuiciones asociadas a la sostenibilidad como compromiso. Tan solo un apunte que he pasado por alto entre muchos otros. Un apunte que difiere del planteamiento tecnocientífico de Larrea y que se puede asociar sin embargo a una gran mayoría de arquitectos que trabajan desde Madrid. La búsqueda incansable e intangible de la sostenibilidad, la que pertenece al sentido común, la asociada al conocimiento profundo del lugar y sus peculiaridades. A la inteligencia de la arquitectura de pueblo. No confundir necesariamente con la arquitectura del pasado, ni con una postura romántica de nuestra disciplina. Algo que como ya hemos apuntado vivió su último estertor en octubre de 1952. Se trata de valorar la eficacia en su sentido más amplio, frente a una cierta impostura tecnológica.

en el Círculo de Bellas Artes de Madrid el 10 de junio de 2004. Documento grabado y transcrito.

[117] LIPOVETSKY, Gilles; *El crepúsculo del deber. La ética indolora de los nuevos tiempos democráticos*, Anagrama, 2002, p. 219.

J. L. León y
J. Bernalte

Como ejemplo paradigmático traigo la cabaña del inglés Ralph Erskine en la ladera sueca de Lissma. Con apenas treinta años comenzó a construir esta casa junto a su socio Aage Rosembold. Cogieron piedras del lugar, ladrillos de un antiguo horno y un antiguo somier de hierro para convertirlo en armadura del hormigón. Apilaron troncos en la fachada más expuesta al invierno sueco, un buen aislamiento térmico. Erskine, su mujer y sus dos hijas pasaron largas temporadas en esta cabaña. La leña utilizada en la chimenea iba desapareciendo a medida que llegaba la primavera y, con ella, el calor. Así de sencillo. Tan sencillas como las cocinas pinariegas al noroeste de Soria. Conos habitables para estar y cocinar construidos a base del apilamiento de teja árabe. Guardan el calor y respiran.

La arquitectura bioclimática es la que sintoniza con el medio y, de ese modo, crea un entorno más grato –José Luis León confirma este último aspecto–. Por esa razón, cualquier arquitectura de calidad tiene que ser bioclimática.

Nosotros partimos de las premisas menos discutibles que encontramos. Aparte del concepto, de trabajar con la masividad o generar una masa donde vamos tallando los espacios, intentamos trabajar con el sol, con la orientación, con el viento, con los árboles, la naturaleza...

Añade su socio Javier Bernalte. *La temperatura y las condiciones de humedad. El otro día me preguntaban: "¿Cómo habéis tenido en cuenta la humedad relativa de una bodega?" Sencillamente por intuición...*

I. Ábalos   C. Rubio   E. Álvarez-   F. Alonso
                                     Sala

Colocando en los bordes masas de un metro de tierra, de pedriza natural del campo, de la propia lastra de liza que subyace bajo los viñedos, para producir la masa térmica y el drenaje.[118]

Iñaki Ábalos escribe sobre el tema en su artículo "Bartleby, el arquitecto".

No por casualidad el rechazo hacia la manipulación tecnológica de la sostenibilidad implica un intento de volver a empezar desde el principio, de devolver una cierta naturalidad o normalidad a la arquitectura.[119]

Carlos Rubio Carvajal incide en el sentido común alejándose de las imposturas tecnológicas. *Lo más importante de este concepto es el uso del sentido común y de toda la información que nos facilita la tradición. Podemos aprender mucho observando la forma tradicional de hacer las cosas. Por lo demás, no es más que un reclamo.*

Enrique Álvarez-Sala continúa durante la misma conversación. *Desarrollo sostenible es la expresión perfecta para conseguir éxito periodístico.*

También es bioclimático ponerte una gorra en verano –concluye Carlos

---

[118] Extracto de la conversación mantenida entre Javier Bernalte, titulado en 1989, José Luis León, titulado en 1999 y Arturo Franco en el Círculo de Bellas Artes de Madrid el 28 de octubre de 2004. Documento grabado y transcrito.

[119] ÁBALOS, I.; "Bartleby, el arquitecto"; Madrid, 2007. Disponible en: www.abalos-sentkiewticz.com

Rubio–. *Aunque es cierto que tenerlo en cuenta provoca un ahorro energético.*[120]

Nosotros pertenecemos al lugar, formamos parte de él.

Creo que el arquitecto y el lugar son una misma cosa –Francisco Alonso aporta–. El arquitecto es un junco y tiene que dar fe del territorio que lo hace posible. No entiendo al arquitecto geográficamente abierto, globalizado, que es capaz de dar una respuesta en cualquier sitio.[121]

En ocasiones se ha podido entender el reciclaje como un compromiso hacia la naturaleza, aunque no siempre ha sido de ese modo y no todos los arquitectos de Madrid lo entienden dentro del ámbito del compromiso sino de la oportunidad o incluso de la contención.

Asombrado, el viejo Dersu Uzala, descubre a los soldados del ejército ruso disparando a una botella colgada de una cuerda.

–¿Para qué botella romper? ¿En Taiga, dónde botella encontrar? Gastar por gusto cartucho estar mal.

–Prueba, abuelo, dispara tú.[122]

Dersu dispara a la cuerda desde más de diez metros, acierta, se acerca, se agacha y se lleva la botella. Para el gran cazador de la Taiga la botella era gente y seguro, tendría alguna utilidad en el futuro.

El impulso por reutilizar no tiene que ver tanto con el compromiso hacia el ahorro como con el reconocimiento de su valor intrínseco. Del valor de lo material y de lo inmaterial. De todo aquello que es capaz de sugerir.

---

[120] Extracto de la conversación mantenida entre Carlos Rubio Carvajal, Enrique Álvarez Sala y Arturo Franco con motivo de la entrega de los Premios Antológicos de Arquitectura de Castilla la Mancha en julio de 2006. Documento grabado y transcrito. Entrevista publicada en *C_LM. Castilla La Mancha. Arquitectura, Territorio e Identidad.* Edita Instituto Cervantes y Fundación Civitas Nova. Madrid, 2006.

[121] Extracto de la conversación mantenida entre Francisco Alonso y Arturo Franco en el Círculo de Bellas Artes de Madrid el 2 de diciembre de 2004. Documento grabado y transcrito.

[122] Conversación extraída de la película *Dersu Uzala* (El cazador). Es una película soviético-japonesa de 1975 dirigida por KUROSAWA, Akira.

Lo cierto es que, en muchas ocasiones, la decisión de reciclar no viene determinada por la economía, ni por el gasto energético, sino por algo más natural, más intuitivo, más inmediato, inteligente. Tal vez por la comodidad, porque está más cerca, porque forma parte de nuestro pasado o sencillamente porque ocupa un lugar y ese lugar puede ser interesante para otros propósitos. Se reutiliza, también, para no inventar, para aprovechar. Se trabaja como un vago constante, como Antonio Pérez, al que le basta con observar el mundo desde otro punto de vista. Reciclar es cambiar de ubicación, de función o de pensamiento. Se trabaja con lo que se tiene al alcance, se van descubriendo, poco a poco, las oportunidades, sobre la marcha, viviendo, ordenando y desordenando.

Sin embargo, como actitud a priori, el reciclaje corre el riesgo de convertirse en un objetivo estético. Si la idea llega antes que la oportunidad, si la voluntad es previa a la necesidad, si esto sucede, es probable que nos estemos aproximando, una vez más, al persuasivo mundo de la moda. Pero eso es otra historia.

Por otro lado, mediante la reutilización se hereda inevitablemente una vida anterior. Es una manera de tomar prestadas historias que ya nadie escuchaba. No se interpreten estas notas como un recuerdo del Arte Povera.

Como un ladrón de historias, el arquitecto, con el material entre las manos, se debate entre lo romántico y lo estrictamente ético en un equilibrio inestable.

Así mismo, aprovecho para robar una cita que Félix Solaguren me envió y que a su vez rescató del libro *Recreations Mathematiques et Physiques* de Jacques Ozanam, en su edición de 1778. Cita que este último recicló de la introducción del libro sexto de Marco Lucio Vitruvio Polion *Los Diez Libros de Arquitectura*, para ilustrar que el hombre se tranquiliza haciendo uso de su propio pasado para construir su futuro.

Aristipo, discípulo de Sócrates, víctima de un naufragio, fue arrojado a las costas de la isla de Rodas y al advertir unas figuras geométricas dibujadas en la arena, cuentan que gritó a sus compañeros: ¡Tengamos confianza, pues observo huellas humanas![123]

---

[123] OZANAM, Jacques; *Recreations Mathematiques et Physiques*. Edición de 1778.

A. Cánovas F. J. Sáenz J. M. Prada
      de Oiza   Poole

Y es el hombre el que para todos es el principal compromiso de la arquitectura. De la misma manera que se manipula la industria también se manipula el programa en función de unos objetivos sociales. En definitiva, con el compromiso de hacer más felices a las personas.

Andrés Cánovas nos recuerda algo parecido a través de la memoria de Oiza.

Me gustaría recordar algo que decía Oiza: "Qué hermosos son los montes cuando están coronados por castillos. Qué hermosos son los campos cuando están roturados por la mano del hombre". El trabajo del hombre embellece los paisajes. Y por eso el Taliesin es más hermoso que el Gran Cañón del Colorado: está trabajado por nuestra especie. Yo entiendo la arquitectura como algo colectivo, no individual.[124]

Un comentario de José Miguel Prada Poole me sirve como excusa para introducir un último bloque relacionado con las funciones, el *uso, el hombre y el compromiso social de los arquitectos.*

Hay casas para habitantes y habitantes para casas. Y cualquier casa no sirve para cualquier habitante. [125]

[124] Extracto de la conversación mantenida entre Andrés Cánovas (1958), Nicolás Maruri (1961) y Arturo Franco en el Círculo de Bellas Artes de Madrid el 25 de marzo de 2004. Documento grabado y transcrito.

[125] Extracto de la conversación mantenida entre José Miguel Prada Poole (1938) y Arturo Franco en el Círculo de Bellas Artes de Madrid el 30 de noviembre de 2004. Documento grabado y transcrito.

A través de estos arquitectos y de sus confesiones hemos descubierto que hay obras a las que les sienta bien el habitar y hay obras a las que no les sienta tan bien. Las primeras entran en carga con el uso, con el desgaste, mejoran con la edad y el desorden de la vida. Se complementan con el hombre. Se transforman mutuamente. Esta es una búsqueda iniciada, entre otros, por muchos arquitectos de Madrid.

De todos los objetos, los que más amo son los usados. Las vasijas de cobre con abolladuras y bordes aplastados, los cuchillos y tenedores cuyos mangos de madera han sido cogidos por muchas manos. Estas son las formas que me parecen más nobles. Esas losas en torno a viejas casas, desgastadas de haber sido pisadas tantas veces, esas losas entre las que crece la hierba, me parecen objetos felices. Impregnados del uso de muchos, a menudo transformados, han ido perfeccionando sus formas y se han hecho preciosos porque han sido apreciados muchas veces.

Me gustan incluso los fragmentos de esculturas con los brazos cortados. Vivieron también para mí. Cayeron porque fueron trasladadas; si las derribaron, fue porque no estaban muy altas.

Las construcciones casi en ruinas parecen todavía proyectos sin acabar, grandiosos; sus bellas medidas pueden ya imaginarse, pero aún necesitan de nuestra comprensión. Y, además, ya sirvieron, ya fueron superadas incluso. Todas estas cosas me hacen feliz.[126]

Permítanme que introduzca como ejemplo algunas obras que, aunque no sean próximas, responden a intenciones parecidas.

Aunque parezca mentira, el aparente postmodernismo de las dos viviendas unifamiliares en Trünbbach del arquitecto suizo Peter Märkli[127] cobra sentido una vez que las casas son habitadas. Las miserias de sus habitantes, su ropa interior, cohabitan con la ironía formal de estas dos casas duras y despreocupadamente feas.

---

[126] BRECHT, B.; *Poemas y canciones*, 1932. Disponible en: http://www.bublegum.net/imagenes/11500/Poemas+y+canciones++Bertolt+Brecht.html.

[127] "Dos viviendas unifamiliares en Trübbach–Azmoss, St. Gallen, Suiza. 1982 (Märkli, Peter)". Arquitectura COAM, n° 355, 1er trimestre, 2009, p. 48-53.

J. M. Sáez

Algo similar sucede en la casa Pentimento de un arquitecto que estudió en Madrid, José María Sáez, y ahora trabaja en Ecuador. Allí construyó una casa prefabricada de bloques de hormigón versátiles de la que ya hemos hablado. Su primer habitante le da sentido al sistema cuando encuentra en sus grietas las oportunidades para sentirse cómodo. Cuando una fisura sobre la cocina le permite introducir el libro de recetas abierto y así poder leer con las manos sucias.[128]

Más abajo, en la isla de Chiloé, Chile, el arquitecto Smiljan Radic une una serie de pies derechos y travesaños de 5 cm por 12,2 cm ejecutados a media madera entarugada. El resultado es una dura estantería rigurosa y sistemática de huecos perfectamente rectangulares. Nada tendría sentido sin la colaboración de sus inquilinos. Como es natural, el soporte estructural se convierte inmediatamente en un vestidor improvisado. El caos vital se asocia a la disciplina de la arquitectura en el pueblo de San Miguel,[129] hemos aprendido durante los últimos años de los casos y circunstancias latinoamericanas.

Luis Martínez Santa-María, acercándonos a Madrid, asume con resignación y como parte de la vida de la arquitectura algunas

---

[128] "Casa Pentimento en La Morita. Quito. Ecuador. 2006 (Sáez, José María; Barragán, David)". Arquitectura COAM, n° 359, 1er trimestre, 2010, p. 58-63.

[129] "Habitación en San Miguel, Isla de Chiloé. Chile. 2007 (Radic, Smiljan)", Arquitectura COAM, n° 361, 3er cuatrimestre, 2010, p. 40-45.

L. Martínez Santa-María

interpretaciones de sus habitantes que no se ajustan exactamente a las pretensiones de los arquitectos.

Un día, no recuerdo quién, volvió a una de las casas y se encontró con que habían cubierto el ladrillo visto con un papel con dibujos de ladrillos. Vamos, habían cubierto el original por una imitación. La dueña debió pensar que, sin traicionar el original, su solución era más limpia.

Las 27 viviendas unifamiliares proyectadas por Luis Martínez Santa-María, a las que hace referencia, se encuentran en una llanura a las afueras de Mocejón (Toledo). Distribuidas en dos volúmenes de dos alturas y con cubierta inclinada, han sido levantadas con un único material, un ladrillo claro colocado de forma que muestra sus imperfecciones. En la planta baja se ha utilizado de forma regular, sin embargo, en la primera, donde aparece un ventanal corrido que ocupa toda la fachada, adquiere movimiento formando suaves ondas. El ladrillo y su expresión parece algo fundamental y así, a su manera, lo ha entendido el habitante.

Más adelante Luis Martínez Santa-María coloca al hombre en el centro de su discurso.

El más importante, sin lugar a dudas, es el hombre. Él es la razón de ser de la arquitectura. El objetivo de nuestro trabajo es que el hombre encuentre acomodo, se guarezca de las inclemencias del clima, de la luz, de los otros, que guarde sus cosas para que duren con él y le permitan ser. Pienso en el hombre, no en los hombres en general, sino en el hombre, en un hombre singular que no tiene por qué existir, pero es quien me sostiene. Conmigo ocurre lo mismo que con los enamorados. Un enamorado particulariza su interés hasta el extremo y piensa en su amada y no en todas las mujeres. Yo, como un enamorado cualquiera, pienso en un solo hombre al que le hago la mejor casa posible.

Hago la casa para ese hombre del que te hablaba hace un rato. Luego debo retirarme.[130]

Es en este punto donde descargo una lista final de testimonios que no harán sino confirmar el compromiso social del arquitecto que nos ocupa. Las vuelco a modo de gran conversación colectiva para no interferir el discurso.

La arquitectura se construye con los agentes externos –comenta Javier Sanjuán– *La arquitectura la hace quien la habita y quien la vive, quien la usa y quien saca de ella nuevos valores que no estaban inicialmente establecidos. La arquitectura es para la gente. Y, en el caso de hacer ciudad, es fundamental imaginar cosas que no están en el programa. En ese tema de modificar o completar los programas que nos dan las administraciones o los organismos privados, hay mucho trabajo.*[131]

Manolo de las Casas reconoce. *Hoy, nadie se compra la casa donde le gustaría vivir sino la vivienda que considera que se revalorizará más. Y esa vivienda, por desgracia, es la que tiene tres dormitorios, ocho cuartos de baño y Porcelanosa por todas partes. Así que eso es lo que se construye. Es una pena, pero la vivienda se ha convertido en un bien de consumo, en lugar de ser un bien de uso.*[132]

---

[130] Extracto de la conversación mantenida entre Luis Martínez Santa María y Arturo Franco con motivo de la entrega de los Premios Antológicos de Arquitectura de Castilla la Mancha en julio de 2006. Documento grabado y transcrito. Entrevista publicada en *C_LM. Castilla La Mancha. Arquitectura, Territorio e Identidad.* Edita Instituto Cervantes y Fundación Civitas Nova. Madrid, 2006.

[131] Extracto de la conversación mantenida entre Javier Fresneda y Javier Sanjuán, licenciados en el año 1991, y Arturo Franco en el Círculo de Bellas Artes de Madrid el 14 de noviembre de 2002. Documento grabado y transcrito.

[132] Extracto de la conversación mantenida entre Manuel de las Casas (1940) y Arturo Franco con motivo de la entrega de los Premios Antológicos de Arquitectura de Castilla la Mancha en julio de 2006. Documento grabado y transcrito. Entrevista publicada

J. Sanjuán   M. de las   I. Vicens   J. L. León y
                    Casas   J. Bernalte

*La arquitectura solo es de calidad cuando admite diferentes usos –ahora
Vicens–, cuando se adapta a cualquier tipo de persona. Además, por
supuesto, se nota que se ha analizado, que se ha pensado.*[133]

José Luis León, socio de Javier Bernalte matiza aquello de lo que
ya hablamos al referirnos al orden y concluye con la importancia del
hombre y del habitar.

*Proyectar desde una imagen no nos parece serio, es una simplificación
de un mundo tan complejo como el de la arquitectura, al que le afectan
los cambios estacionales, la luz, el día, la noche y tantas cosas... La
arquitectura de los maestros es tan densa, tan profunda, que muchas
veces las fotos te dejan frío, no eres capaz de percibir su valor hasta que
no la vives, hasta que no la disfrutas por dentro. De modo que son sus
habitantes los que realmente la experimentan.*[134]

en *C_LM. Castilla La Mancha. Arquitectura, Territorio e Identidad.* Edita Instituto Cervantes y
Fundación Civitas Nova. Madrid, 2006.

[133] Extracto de la conversación mantenida entre Ignacio Vicens (1950) y Arturo Franco
con motivo de la entrega de los Premios Antológicos de Arquitectura de Castilla la
Mancha en julio de 2006. Documento grabado y transcrito. Entrevista publicada en
C_LM. Castilla La Mancha. Arquitectura, Territorio e Identidad. Edita Instituto Cervantes y
Fundación Civitas Nova. Madrid, 2006.

[134] Extracto de la conversación mantenida entre Javier Bernalte, titulado en 1989, José
Luis León, titulado en 1999, y Arturo Franco en el Círculo de Bellas Artes de Madrid el 28
de octubre de 2004. Documento grabado y transcrito.

J. Revillo

Javier Revillo, en su camino hacia la desaparición de la arquitectura, incluso hacia la desaparición de sí mismo, lo manifiesta de esta manera.

Esta voluntad de despojar a la arquitectura de expresión, empuja la expresión hacia las personas... La arquitectura que nosotros buscamos retrae expresiones sobre usos individualizados, se retrae para que esas expresiones estén en la persona que utiliza el espacio y en los objetos que lleva en su bolsillo. Él construye el uso.

No nos importa que los códigos no se descubran. Se trata de estar bien, tanto dentro como fuera del edificio. Solo quiero añadir una frase de esas que a uno le viene bien cuando tiene dudas y, de pronto, lee a un autor al que respeta tanto como yo al señor Saramago. La frase es la siguiente: "Un niño no mira al paisaje. Un niño está en el paisaje". Y a mí me interesa que nosotros estemos en la arquitectura, no que miremos la arquitectura. No me interesa la voluntad de atrapar las miradas, es decir, la voluntad de situar al espectador fuera de la arquitectura, de distanciarlo. A mí me interesa que esté dentro de ella y que, por lo tanto, no pueda percibirla.

Me encuentro más cómodo construyendo aire antes que construyendo figuración arquitectónica. Así, la materia con la que trabajamos puede ser solamente un limitador o un velo determinante de unos volúmenes y de unas actitudes ante el clima, la luz y la situación geográfica o paisajística.[135]

[135] Extracto de la conversación mantenida entre Javier Revillo (1959) y Arturo Franco en el Círculo de Bellas Artes de Madrid el 12 de febrero de 2014. Documento grabado y transcrito.

J. Carvajal

Javier Carvajal en su condición de referente y maestro de varias generaciones de la Escuela de Madrid:

La arquitectura trasciende esos conocimientos técnicos o artísticos concretos. ¿Y en qué los trasciende? En esa voluntad de ofrecer algo en beneficio de la humanidad. La arquitectura sin los hombres no tendría sentido... La arquitectura es para los hombres y, en concreto, para los hombres de nuestro tiempo. ¿Y la arquitectura del futuro...? Mire, no me cuente usted películas... La arquitectura es para el tiempo concreto en que estás viviendo. Con sus problemas, sus necesidades, sus posibilidades... Y eso es lo que hace que tú vivas la arquitectura como una realidad viva, no como una realidad muerta...

No me interesa la arquitectura humanitaria, porque la palabra humanitaria tiene una connotación de favor añadido y no se trata de eso... El humanismo es el entendimiento del hombre y por lo tanto la búsqueda de ese hombre distinto, cambiante, que realmente da lugar a las nuevas evoluciones de la arquitectura. Una arquitectura que luego se sirve de los inventos porque no solo es belleza o estilos, también es técnica. Y la incidencia de la técnica en el proceso constructivo es fundamental para dar una respuesta eficaz.

Javier Carvajal se centra ahora en el individuo.

Porque el objetivo fundamental del arquitecto es el individuo... Ya me habrás oído repetirlo muchas veces: la arquitectura no solo es técnica y

*arte sino también humanismo. Y precisamente es ese humanismo lo que
le da su dimensión importante... ¿A qué me refiero con ser humanista?
No a haber leído latín y griego, claro, sino a que tu interés principal sea
el hombre. Y que tu preocupación fundamental sea darle al hombre la
felicidad a través de lo que está en tus manos, claro. Porque luego se
casará con una niña rubia y será más feliz con eso que con una casa
bonita... Pero en nuestras manos está hacer posible la felicidad a través
de la belleza –en la medida en que nosotros entendemos la belleza y
manejamos las técnicas para hacerla posible, claro–. De todas maneras,
el punto fundamental en el que Miguel Fisac y yo coincidimos es en
nuestro profundo apasionamiento por dar lo mejor de nosotros mismos... Como decía Alvar Aalto: "¡El arquitecto debe hacer lo mejor que
sepa con lo que pueda!".*[136]

Como uno de los discípulos confesos de Javier Carvajal, también
Ignacio Vicens declara el servicio hacia la sociedad como el compromiso último del arquitecto. Lo declara pero distinguiendo entre lo
demandado y lo verdaderamente necesario.

*El auténtico servicio a la sociedad es ofrecerle a la sociedad lo que nece-
sita y no tanto lo que pida, que es distinto. Casi siempre se es inconsciente de lo que se necesita.* [137]

Fernando Chueca al referirse a las motivaciones de nuestro trabajo
hace referencia a un conjunto más amplio en equilibrio.

*Un equilibrio entre lo arquitectónico, lo urbanístico, lo social y lo vital;
eso que yo llamo un precipitado conjunto de grandes valores.*[138]

[136] Extracto de la conversación mantenida entre Miguel Fisac (1913), Javier Carvajal
(1926) y Arturo Franco en el Círculo de Bellas Artes de Madrid el 28 de septiembre de
2001. Documento grabado y transcrito.

[137] Extracto de la conversación mantenida entre Ignacio Vicens (1950) y Arturo Franco
con motivo de la entrega de los Premios Antológicos de Arquitectura de Castilla la
Mancha en julio de 2006. Documento grabado y transcrito. Entrevista publicada en
C_LM. Castilla La Mancha. Arquitectura, Territorio e Identidad. Edita Instituto Cervantes y
Fundación Civitas Nova. Madrid, 2006.

[138] Extracto de la conversación mantenida entre Fernando Chueca (1911) y Arturo Franco
en el Círculo de Bellas Artes de Madrid el 13 de febrero de 2003. Documento grabado y
transcrito.

I. Vicens   F. Chueca   J. A. Corrales

Podemos acabar este apartado con la experiencia práctica de José Antonio Corrales y uno de sus trabajos en solitario en la tierra de Ramón.

La Unidad Vecinal de Elviña; pero la hice yo solo, sin Ramón. En aquel entonces estas viviendas las encargaba la Obra Sindical del Hogar. Y ahora han cobrado más interés por su comparación con las actuales viviendas sociales, de cinco plantas y doce metros de anchura, y en las que no puedes salirte de la dimensión establecida para cada habitación... Es una contradicción pero, en una dictadura terrible –como era aquella–, al no haber normativas, disponía de más libertad y pude hacer unas viviendas más sociales, con un núcleo de ascensores y una galería comercial a mitad de altura donde la gente podía relacionarse y ser algo más felices.[139]

Este testimonio vuelve a dar fe del objetivo social de nuestras arquitecturas.

Pero antes de concluir con el compromiso recordamos las palabras escritas por José Manuel López Peláez sobre el trabajo de Asplund al final de su libro donde devoción y compromiso son una misma cosa.

[139] Extracto de la conversación mantenida entre José Antonio Corrales (1921) y Arturo Franco en el Círculo de Bellas Artes de Madrid el 29 de octubre de 2002. Documento grabado y transcrito.

*Creo que devoción es la palabra que resume a Asplund y todo lo que
tiene que ver con él. Araba, de hecho, haciendo un surco profundo, y
supongo que eso lo mató. Trabajaba con una dureza extrema en todos
sus encargos. También era cariñoso. Él no hacía los detalles por amor a
los detalles, sino por amor a la gente.*[140]

CONTENCIÓN
Sobre el protagonismo del arquitecto, la necesidad, los mínimos recursos y la intervención mínima

Este último contenedor de coincidencias relacionadas con la contención probablemente sea el más ajustado a una identidad propiamente
madrileña, donde se producen mayor número de conexiones entre
los discursos. Ajena a espíritus más festivos, frívolos o superficiales,
como apuntará más adelante Alberto Campo Baeza. Una voluntad que
subyace en la práctica totalidad de los arquitectos, aun en aquellos
en los que el grado de libertad formal pudiera indicar lo contrario.
Dentro de la caja de la contención hablaremos de una ausencia de
protagonismo del arquitecto, de la autoría, al menos como declaración
de intenciones. Esta actitud envuelve un carácter en cierto modo
espartano, mesetario, que contempla como principal objetivo satisfacer las necesidades básicas, utilizar los mínimos recursos disponibles
y actuar, en la medida de lo posible, lo imprescindible.

En sus observaciones sobre la "arquitectura de autor", Juan Daniel
Fullaondo analiza primero los desdoblamientos de la "arquitectura
anónima". En uno de ellos, caracteriza esta postura como una voluntad de servicio, como la disolución de las fobias y filias personales,
como verificación, como análisis de las contradicciones, neutralización expresiva, generalización, democracia y, finalmente, entre otras
virtudes, como la disminución de los márgenes de imprevisión. Este
último punto merece un desarrollo posterior y, tal vez, otra interpre-

[140] LÓPEZ–PELÁEZ, José Manuel; *La arquitectura de Gunnar Asplund*, Fundación Caja de
arquitectos, Barcelona, 2002, p.179.

J. D. Fullaondo

tación. Después, continúa con su particular visión, ciertamente hostil, sobre la "arquitectura de autor", aunque reconoce en ella algunas acepciones que reflejan caracterizaciones cualitativamente necesarias para un normal desarrollo de cualquier sociedad.

Negar esto –escribe Fullaondo– es replantear el destello erostrático de la boutade: ¿Qué es más importante, Shakespeare o un par de botas? [141]

Lisette Model nacida en 1901, la transgresora fotógrafa afincada en Estados Unidos o, incluso, su discípula Diane Arbus, llegaron a decir en alguna ocasión:

[...] al dirigir el objetivo hacia algo, estoy formulando una pregunta. La fotografía puede ser la respuesta. En otras palabras: no soy yo la que sabe y demuestra; por el contrario, [soy] la que recibe la lección. [142]

No se trata ahora de debatir entre el autor y el artesano, entre la obra de arte y el objeto utilitario, entre la firma y el anonimato. Se trata de ir despojando la cosa de atributos ajenos a la propia cosa, de recuperar el valor del objeto creado en detrimento de la presencia del sujeto creador.

[141] FULLAONDO, Juan Daniel; *Arte, Arquitectura y todo lo demás*, Alfaguara, Madrid, 1972, p. 675.

[142] MODEL, Lisette; *Exposición y catálogo Madrid*, Fundación MAPFRE. 23 septiembre 2009 - 10 enero 2010.

A. Miranda   J. Revillo

El autor, en su obra, debe estar como Dios en el universo, presente en todas partes y visible en ninguna. Como el Arte es una segunda naturaleza, el creador de esta debe obrar con procedimientos análogos. Que se note en todos los átomos, en todos los aspectos, una impasibilidad oculta e infinita.[143]

Y dando un paso más, el análisis nos lleva a posicionar la obra por debajo de las personas que la van a vivir, a habitar. En un gradiente de importancia y simplificando la relación, el autor aparece por debajo de la obra y la obra por debajo de la sociedad que va a hacer uso de la obra. Perteneciendo el autor a la sociedad se cierra un círculo y se abren de nuevo las preguntas.

La arquitectura y la poética a menudo son una.

Al componer mis versos, tengo presente el ejemplo de Rodin, que quería hacer colocar sus Ciudadanos de Calais en la plaza del mercado, sobre un zócalo bien bajo para que los ciudadanos vivos no hubieran resultado más pequeños. Los ciudadanos míticos habrían estado mezclados en medio de ellos, pero por debajo de ellos, renunciando a su centro. Así habrían de estar las poesías por debajo de la gente.[144]

---

[143] FLAUBERT, Gustave; *Cartas a Louise Colet*, Siruela, 2003. Las cartas de Flaubert a su amante aquí recogidas van de 1846 a 1855, tiempo en que el autor escribió *Madame Bovary*.

[144] BERTOLT, Brecht; *El compromiso en literatura y arte*, Península, p. 16.

En la poética encontramos la respuesta. La poética, algo que nadie sabe muy bien que es, pero sí lo que no es.

Los retos de los arquitectos no son los mismos que los de los niños: hacer pis más lejos o ver quién es más fuerte... Las ambiciones del arquitecto están en el terreno poético, el del ajuste, de la disciplina interna de la obra...y no en el propio arquitecto. El arquitecto que sea el sujeto de la obra está impidiendo que la obra se exprese por sí misma –comenta Antonio Miranda–.[145]

Javier Revillo reconoce una excesiva presencia inmanente del arquitecto en la obra.

En cierta medida, me gustaría que a los arquitectos no se les notara tanto que lo son y que, en cambio, se percibiera más el territorio natural y físico en el que vivimos.[146]

Un esfuerzo de contención que practican los buenos escritores.

Cualquier cosa que uno sepa y que omita, aún está en lo escrito y se verá en su calidad. Cuando un escritor omite cosas que ignora, parece como si su obra estuviese llena de agujeros.[147]

Más adelante Hemingway incide sobre lo mismo, sobre el punto justo entre la sobredosis y la anemia, entre el demasiado y el poco.

Si le es útil saberlo, siempre intento escribir con el principio del iceberg. Por cada parte visible, el iceberg tiene otras siete que oculta. Se puede eliminar cualquier cosa conocida y, aún así, se refuerza el iceberg. Lo importante es la parte oculta. Si el escritor omite algo que no conoce, se produce un agujero en su narración.

El viejo y el mar podría haber tenido más de mil páginas y contener todos los personajes del pueblo, así como todos los detalles de cómo

---

[145] Extracto de la conversación mantenida entre Antonio Miranda (1942) y Arturo Franco en el Círculo de Bellas Artes de Madrid el 5 de febrero de 2004. Documento grabado y transcrito.

[146] Extracto de la conversación mantenida entre Javier Revillo (1959) y Arturo Franco en el Círculo de Bellas Artes de Madrid el 12 de febrero de 2014. Documento grabado y transcrito.

[147] Hemingway entrevistado en: VV.AA.; *Hablan los escritores*. Kairós literatura, p. 129.

se ganaban la vida, cómo nacían, cómo educaban a sus hijos,
etc.[148]

Una vez aclarada la paradójica necesidad de desaparecer de nuestras propias obras me gustaría adentrarme en los pensamientos de un torero. No soy taurino ni me interesa especialmente la fiesta, pero en las palabras de Luis Francisco Esplá se pueden encontrar gran parte de las cuestiones que nos preocupan. La razón de ser de la contención para un matador de toros o para un arquitecto. Si somos capaces de liberarnos de prejuicios y leer este texto sin filias ni fobias, descubriremos un universo paralelo. Muchos temas tratados hasta ahora se dan cita en sus palabras. Estas palabras fueron recogidas hace seis años, y luego moduladas durante una comida con el maestro. Las recojo íntegras por su grado de interés sin desperdicio.

La fidelidad a la norma, a la regla pero, sobre todo, al rito es fundamento en el toreo. Quizás el reglamento pueda mantener sana la parte exterior, pero las esencias de este deben su pervivencia a la tradición y los argumentos que la integran. La liturgia, como arquitectura del rito, sostiene el atalaje que da sentido al sacrificio. Nos impide despojarnos de la transcendencia de cuanto ante nosotros acontece: el espectáculo de la vida y la muerte. Sin esta consustancialidad queda banalizado el sacrifico, hasta el punto de aniquilar, con ello, los principios del espectáculo; poniendo en entredicho la muerte de un animal en un contexto público.

Dentro de esta concepción, los espacios son fundamentales. Así como sucede en el campo de la arquitectura, donde tan importante es lo que concurre en materia, como los vacíos definidos por los límites de esta, explicándonos con ello –en muchos casos– el sentido de volúmenes y formas; en el toreo los espacios son la argamasa que da contenido a cada lance, imponiendo ese criterio de coherencia que toda obra necesita. De no darse esta proporción espacio-temporal, las suertes se tornan sincopadas y episódicas. Y algo de esto está ocurriendo con el toreo moderno.

Buscando otra analogía con la arquitectura podemos establecer la mutua necesidad de impresionar, manipular o reconducir materia. La materia

[148] Hemingway entrevistado en: VV.AA.; *Hablan los escritores.* Kairós literatura, p. 137.

con la cual cuenta el toreo es la voluntad del toro; y es este –dada su singularidad– un material que cuestiona el proceso de creación. Mientras en el caso de la arquitectura el profesional parte de la inspiración, o de una idea, que luego, mediante unos procesos técnicos, termina plasmando en un material, en el caso del toro, deberemos ceder a la prioridad que le otorga su animalidad, pues es de esta indocilidad o voluntad insumisa de donde el torero irá extrayendo a sugerencias siempre de este, la consistencia "matérica" de su creación. Por tanto, es el material quien sugiere, y la acción del torero consiste en dar respuestas técnicas a esas propuestas. Si el animal te insinúa una cosa no la debes contravenir. Tienes que ir en la dirección indicada para darle forma. Es como tallar, requiere hacerlo siempre en la dirección de la veta.

Otra cuestión es cómo respondas ante esas instigaciones. Particularmente, mi forma de abordar esta cuestión podría estar a mitad de camino entre un concepto renacentista y una estética barroca. Un barroco tardío donde la profusión de boato y el regalado adorno no es en ningún caso superfluo, sino consustancial. Mi tauromaquia se ha esforzado en hacer del adorno recurso. También reconozco una veta renacentista, en cuanto a la necesidad de plegar mi toreo a un pulcro academicismo. Pero a pesar de esta pretensión invocando el clasicismo, insisto en situar al toro siempre como punto de partida y génesis de cuanto acontezca. Se impone esta especie de agradecimiento restaurándole el privilegio que nos concede con su aportación al espectáculo.

La tauromaquia, como cualquier disciplina artística, nos ofrece siempre alternativas a su gestión creadora. Y uno puede optar por el fácil objetivo de satisfacer con sus producciones la demanda de un público dócil, o indagar en sus raíces creadoras, para vivir conciliado con la verdad de cuanto genera. Yo he intentado siempre la segunda opción. Aún advirtiendo la complicación de este camino. Primero has de saber qué quieres decir y cómo deseas decirlo y, una vez aclarado esto, has de tratar de llegar hasta el fondo de tus capacidades creativas, buscar tus confines; y eso no deja de ser terrible, porque terminas encontrándolos. Y moverse por los límites de esta dolorosa frontera, implica la continua contemplación de un abismo. Abismo emocional, cuyo vértigo creador acaba indefectiblemente succionando al artista.

Esa concepción íntima del toreo me ha propiciado percibir tanto el éxito como el fracaso desde un estado de serenidad inconmovible. Me refiero al éxito y al fracaso ante el público, obviando en ello mi intención de no defraudar. La afición va a verte porque reconoce tu superioridad ante el hecho de la diferencia con la cual abordas la muerte, ese es el sustrato del espectáculo. El ciudadano de a pie desea ser testigo de quien es capaz de enfrentarse a la Parca como no lo haría ningún otro ser humano. Evidentemente no puedes defraudar esta confianza.

Por todo ello, en una corrida se pueden dar cita la suma de los miedos y temores que una persona pueda experimentar en el transcurso de toda una vida: el miedo escénico, el miedo al fracaso, el miedo al dolor... Quizás por esta razón se nos tenga por especialistas en miedos. Y en parte lo somos, de hecho, hemos aprendido a convivir con ellos. Pues no pudiéndolos erradicar, (funcionan como alarmas que no debemos suprimir, pues nos mantienen alerta, pero sí es necesario mantenerlos en la proporción precisa para evitar bloqueos, tanto psíquicos, como motores), nos hemos convertido en hábiles gestores de sus nefastas energías. Se trata de crear en el espectador la apariencia de que ni miedos ni esfuerzos se dan en nuestro presupuesto escénico. Cuando manejamos sentimientos y emociones, y en este caso lo hacemos, el vehículo es importantísimo. Puedes amar a una persona y, sin decir una palabra, expresar todo ese potencial sentimental. Sin embargo, a veces, desparramado en palabrería, no llegas, estás incomunicado. De esto es de lo que se trata, o lo que yo pretendía en el toreo: crear ese contacto, establecer esa emoción a través de mi lenguaje, sin excesos, sin hacerlo obsceno. Es fundamental mostrar la aparente facilidad de lo que sabemos que requiere un tremendo esfuerzo. Es imprescindible recrear la ficción de que cualquiera podría hacerlo. Aunque todos sepan de su imposible. Antaño no se gesticulaba. Hoy, sin embargo, hay una tendencia a subrayar lo evidente, con consiguiente riesgo de convertir algo maravilloso en soez y burdo.

En cuanto a conseguir la satisfacción personal, no es fácil de lograr. Tras una faena el recuerdo de lo que no ha sido prevalece mortificándome, por encima siempre de lo culminado. Me tortura la idea de haber dejado tan sembrado algo de imperfecciones. Tal vez por ese apego al sentido de héroe homérico, que está tan presente en el toreo. De hecho fue una de las razones que me indujeron a ser torero.

En la ética homérica, al héroe no se le juzga por cuanto pretende hacer, sino por lo que consigue. El laurel es tan solo para el ganador y quien establece la victoria posee la incontestable razón del mito. Por supuesto, siempre desde la fidelidad a la norma, respetando la regla, observando el rito. Debes quedar bajo esta supeditación que no permite atajos y es tu fundamento moral ante todo logro. Creo que eso es lo más importante.

Rozarme con la muerte, por otro lado, es probablemente la experiencia más aleccionadora del toreo, esta obligada tensión cambia hasta las raíces tu concepción vital. Te enseña a juzgar la esencia de todo. Abordar la vida sin tensiones es como rehuir su desafío, convirtiéndolo en una especie de sedación, incluso de humillación. No se pueden aceptar las cosas como vienen, hay que revelarse y vivir constantemente batiéndose. Eso es realmente vivir. Eso es lo que te permite percibir y gozar la existencia. Yo lo consigo a través del toreo.

En cualquier caso, al final de cada actuación, me quedo tan turbio, que necesito días para decantar cuanto me ha ocurrido. Me siento como si me hubieran removido los posos de un alma que solo al amparo del campo puede clarificarse.[149]

Continuando con los apartados de los que se compone este trabajo, habría que hablar de los mínimos recursos. Por supuesto, está presente en nuestro comportamiento la adaptación inteligente a los mínimos recursos, aprovechando lo que tienes a tu disposición, lo que te ofrece el lugar. Muchas veces sin la presencia necesaria o protagonista de un Arquitecto. Nos hemos encontrado por el mundo obras preocupadas por reducir la retórica, ni más ni menos que para intentar satisfacer las necesidades y ser capaces, al mismo tiempo, de descubrir las oportunidades que tenían delante. En cierto modo saber mirar para disminuir las acciones. Una arquitectura al servicio de satisfacer la necesidad.

[149] ESPLÁ, Luis Francisco; "Reflexiones". Arquitectura COAM, 363, n° 2, 2011, p. 80-83. Este texto surge de una conversación mantenida por el Matador con Juan Francisco Lorenzo, Pepe Quevedo y Arturo Franco.

A. Campo Baeza

En *Diario de una novela*, John Steinbeck prescinde de atributos innecesarios. *¡Ah!, no olvidemos el estilo; no he de caer en una descripción vacía, inflada de adjetivos; he de reducirlo a la mínima expresión, lo justa para arropar la historia y sus ramificaciones. (...) No he de dejar que ninguna frase muerta le caiga sobre sus páginas y cambie su rumbo.*[150]

Alberto Campo lo traslada al ámbito de la reflexión en el pensamiento madrileño.

Hay que proponer opciones radicales y la mejor defensa de esa radicalidad es la economía.

No es nada frustrante. Es una maravilla ver que se puede construir con pocos medios. La arquitectura ofrece un mejor resultado cuando los medios están al límite; cuando hay excesivas facilidades la arquitectura sale peor, más adornada, más aparatosa... Hay un texto muy bonito de André Gide que llevo tres años tratando de traducir y que se titula Conseils au jeune écrivain (Consejos al joven escritor). En este texto, Gide explica que su madre no le dejaba servirse más pan del que se iba a comer ni más sidra de la que se iba a beber. Tenía que apurar hasta la última miga y la última gota. Es decir, los medios eran escasos, pero había que utilizarlos todos. Esa manera de sacarle el máximo partido a

---

[150] STEIBECK, John; *Diario de una novela: las cartas de al este del edén.* Bartleby editores, 2008.

J. Bernalte

J. A. Corrales

L. Martínez
Santa-María

las cosas es lo que yo llamaba antes arquitectura esencial; por mor de las formas, de los espacios más sobrios, más directos, más precisos.[151]

José Luis León y Javier Bernalte, viniendo de Castilla la Mancha, se han visto obligados a trabajar en el entorno rural bajo estas condiciones, condiciones que finalmente han hecho suyas. *Nuestro objetivo es que el proyecto surja siempre de las circunstancias y de la naturalidad, de la necesidad.*

Javier Bernalte. *Yo creo que, a la vez que el concepto, gran parte de las imágenes de la arquitectura universal, no solo de nuestra arquitectura, son casuales. Por eso quiero desdramatizar las tertulias arquitectónicas. Cuando Álvaro Siza hizo la biblioteca de la Universidad de Aveiro, que es un espacio con una tensión magnífica, le comentaban: "La tensión de esa espiral con el muro desplomado me recuerda..." Y él decía: "Le podrá recordar lo que quiera, pero es que teníamos un pedrusco que no podíamos..."* [152]

Me sorprendió descubrir cómo José Antonio Corrales puede encontrar en Rem Koolhaas paralelismos con su manera de trabajar hace cincuenta años.

[151] Extracto de la conversación mantenida entre Alberto Campo Baeza (1946) y Arturo Franco en el Círculo de Bellas Artes de Madrid el 18 de marzo de 2004. Documento grabado y transcrito.

[152] Extracto de la conversación mantenida entre Javier Bernalte, titulado en 1989, José Luis León, titulado en 1999, y Arturo Franco en el Círculo de Bellas Artes de Madrid el 28 de octubre de 2004. Documento grabado y transcrito.

Sí. Me interesa. Me interesa mucho porque rompe y es libre y fresco; además de modesto. En un viaje a Holanda vi unos edificios de Koolhaas, y todos tienen una carpintería simple de aluminio que no está pintada, sino galvanizada. Tiene un gusto por lo elemental que me recuerda a mis trabajos en los años cincuenta, en la posguerra, cuando había escasez de recursos básicos. Hoy en día me molestan esos edificios repletos de madera, de lujo, de mármoles... y que se tienen por modernos...[153]

Para Luis Martínez Santa-María es la relación con el lugar y sus potencialidades ocultas las que condicionan al arquitecto.

La arquitectura no tiene región, aunque se adapte a las condiciones climáticas o a las costumbres de las personas que la habitan... Aunque, eso sí, un edificio siempre debe mostrar un enorme aprecio por el lugar en que está ubicado. Berger decía que el artista no es un creador, sino un receptor. Sorprende ver cómo algunos arquitectos, precisamente por pretender ser modernos, traicionan lo que tiene la más plena vigencia, lo más insuperablemente actual: lo que se encuentra en el lugar pidiendo emerger, junto a ti.[154]

Al comienzo de este análisis se hizo referencia a las convicciones de Laugier y amenazamos con volverlo a recordar. Este es el momento, una oportunidad en la que nos habla de la necesidad, que bien podría ilustrar, también, el ejemplo que más adelante veremos de la arquitectura de Al Borde en Ecuador.

En las partes introducidas por necesidad residen todas las licencias y en las añadidas por capricho residen todos los defectos.

Más adelante escribe: *Aproximándose a ese primer modelo en la ejecución de la simplicidad es como se alcanzan las verdaderas perfecciones y se evitan los defectos esenciales...*

[153] Extracto de la conversación mantenida entre José Antonio Corrales (1921) y Arturo Franco en el Círculo de Bellas Artes de Madrid el 29 de octubre de 2002. Documento grabado y transcrito.

[154] Extracto de la conversación mantenida entre Luis Martínez Santa–María y Arturo Franco con motivo de la entrega de los Premios Antológicos de Arquitectura de Castilla la Mancha el julio de 2006. Documento grabado y transcrito. Entrevista publicada en *C_LM. Castilla La Mancha. Arquitectura, Territorio e Identidad.* Edita Instituto Cervantes y Fundación Civitas Nova. Madrid, 2006.

El hombre desea hacerse un alojamiento que lo abrigue sin sepultarlo. Algunas ramas caídas en el bosque constituyen los materiales aptos para su designio. Elige entre ellas cuatro de las más fuertes, las hinca perpendicularmente y las dispone en un cuadrado, sobre las mismas coloca otras cuatro atravesadas y sobre estas dispone otras cuatro inclinadas a ambos lados y confluyentes en una punta. Esta especie de techo es cubierto con hojas lo suficientemente apretadas de modo que ni el sol ni la lluvia puedan atravesarlo, y he aquí el hombre alojado. Es verdad que el frío y el calor le harán sentir su incomodidad en su casa abierta por todos lados, pero entonces él llenará los vacíos entre los pilares y se encontrará seguro.[155]

Richard Sennett, sociólogo estadounidense especializado en el pragmatismo, en una entrevista que mantuvimos junto a Rosana Rubio, hablaba del caso de Alejandro Aravena al hilo de la participación del habitante en la evolución de la obra. De una obra básica, elemental, capaz de recibir aportaciones múltiples. Conviene releer *El Artesano*, ensayo imprescindible para comprender este último apartado.

Se trata de una arquitectura casi sin arquitecto con resultados muy locales. Dichos experimentos permiten que la gente –gente pobre– tenga una participación más decisiva a la hora de diseñar los edificios en los que vivirá y trabajará. No se trata de pura espontaneidad, pero permite que los futuros usuarios experimenten con formas de autoconstrucción gradual. La idea que subyace es que el arquitecto aporta una especie de ADN del edificio con el que trabaja el autoconstructor. Ese ADN hace referencia a aspectos tales como la forma de disponer las instalaciones o el volumen que se debe ocupar a medida que asciende el edificio, planta tras planta. Desde mi punto de vista es maravilloso. Se trata de un signo esperanzador acerca del futuro. Aunque implique una mayor incoherencia en el paisaje y se obtenga un cuadro más caótico, la gente está mucho más implicada.

En resumen –nos comentaba a través del teléfono–, ante los cambios culturales que estamos experimentando tanto en arquitectura como

---

[155] LAUGIER, Marc–Antonie; "Ensayo sobre la arquitectura". En: HEREU, Pere; MONTANER, Josep María; OLIVERAS, Jordi; Textos de arquitectura de la modernidad, Nerea, Madrid, 1994, p. 21.

J. Aparicio

en urbanismo y diseño, hay que combatir la tendencia hacia una desmaterialización creciente sin ir en contra del avance tecnológico, pero relativizando su uso, prestando atención a la naturaleza sensual de los materiales, empleando materiales de calidad, potenciando la especificidad local de la arquitectura y evitando su sobredeterminación formal, involucrando a los usuarios en su definición y, en definitiva, haciendo que los arquitectos estén físicamente más comprometidos con los edificios que construyen.[156]

Un grupo muy amplio de los arquitectos que trabajan en Madrid, tiene como eje central de su discurso muchas de estas cuestiones.

En Jesús Aparicio se alcanza un ajuste mayor que en otros casos, entre su opiniones y su obra.

Tradicionalmente, la arquitectura la han ejecutado los que la han pensado. Es una actitud que dura hasta el Renacimiento. Los que dibujaban los frescos, que eran elementos que ayudaban a construir el espacio, estaban en la obra y lo hacían físicamente. Y el último arquitecto que trabaja de esta manera es Gaudí: es el último gran artesano de la arquitectura. Tras la industrialización, vivimos en un mundo en el que se adoptan sistemas prefabricados, que son útiles y hay que tenerlos en cuenta puesto que no se puede ir contra las normas y formatos; sin

[156] SENNETT, Richard; "La cultura material y sus implicaciones en la arquitectura", Aquitectura COAM, n° 363, 2° cuatrimestre, 2011, p. 54-55.

M. de las
Casas

L. Martínez
Santa-María

embargo, se ha perdido la distancia con el hecho constructivo por parte del arquitecto y se ha dejado en manos de los documentos y planos; cuando es necesario estar en la obra.[157]

Manolo de las Casas hace referencia de nuevo a una vivienda unifamiliar volcada al Cigarral de Toledo, de la que ya hemos hablado.

Había otra oportunidad que pocas veces se da: contamos con un constructor fantástico, uno de los mejores profesionales que he conocido. Para que te hagas una idea de lo perfeccionista que es, te diré que la obra se retrasó ocho meses porque decidió que los ladrillos debía colocarlos un solo obrero porque, si lo hacían dos, se notaba la mano de cada uno de ellos.[158]

Luis Martínez Santa-María para Sigüenza pensaba que sería apropiada una fábrica de ladrillo no demasiado perfecta.

Una fábrica que no fuera tan atildada como la que se podría utilizar en un medio urbano. En Sigüenza, las fábricas del castillo, de la catedral

[157] Extracto de la conversación mantenida entre Jesús Aparicio (1960) y Arturo Franco en el Círculo de Bellas Artes de Madrid el 9 de enero de 2003. Documento grabado y transcrito.

[158] Extracto de la conversación mantenida entre Manuel de las Casas (1940) y Arturo Franco con motivo de la entrega de los Premios Antológicos de Arquitectura de Castilla la Mancha en julio de 2006. Documento grabado y transcrito. Entrevista publicada en *C_LM. Castilla La Mancha. Arquitectura, Territorio e Identidad.* Edita Instituto Cervantes y Fundación Civitas Nova. Madrid, 2006.

y las de la mayoría de los edificios principales son de piedra. Como, al parecer, quienes construyeron estos edificios no contaban con canteras cercanas o con presupuestos muy altos, usaron, en su lugar, piedras toscas e irregulares, sin concertar, que aparecen manchadas de mortero en todos sus bordes. Yo vi en ello una lección. Me pareció que, en los muros de estas viviendas, el ladrillo también podría mancharse de pasta y revolverse con ella, dar lugar a una cierta imperfección que dejaría ver el pulso y el desenfado del obrero al construir. Casi en medio del campo, donde se encuentran estas viviendas, sus fábricas no deben ser cerámicas y reflectantes, sino arenosas y mates. Y el azar, la desmaña y la falta de rigidez constructiva les vendría bien. Los ladrillos se colocaron a su caer, sin tener en cuenta la matajunta. Eran ladrillos artesanos, de una ladrillera que localizamos en Segovia, y, ya que proceden de un horno de leña, irregulares en su tonalidad y en su textura.[159]

Jaime Lerner, arquitecto, urbanista y ex alcalde de la ciudad brasileña de Curitiba, es una referencia imprescindible para hablar del crecimiento urbano en términos de contención y adecuación social.

Es como un compromiso con la imperfección, no se pueden tener todas las respuestas antes porque entonces limitamos la creatividad.[160]

Podría haber utilizado esta frase de Alberto Campo Baeza como resumen concentrado de este trabajo y nos desviaríamos muy poco de la realidad. En pocas palabras es lo que venimos escribiendo en este análisis.

Como líneas generales existen unas trazas de sobriedad, serenidad, sentido constructivo, un concepto de la economía bastante ajustado y un sentido del entendimiento del sitio que ya no es el dichoso contexto, sino la relación que siempre ha tenido la arquitectura con el lugar. La arquitectura española se puede considerar seria, poco frívola y poco

---

[159] Extracto de la conversación mantenida entre Luis Martínez Santa-María y Arturo Franco con motivo de la entrega de los Premios Antológicos de Arquitectura de Castilla la Mancha en julio de 2006. Documento grabado y transcrito. Entrevista publicada en *C_LM. Castilla La Mancha. Arquitectura, Territorio e Identidad.* Edita Instituto Cervantes y Fundación Civitas Nova. Madrid, 2006.

[160] LERNER, Jaime. Entrevista en El País. 31 de julio de 2005.

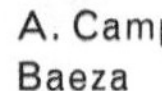

A. Campo
Baeza

M. de las
Casas

superficial, independientemente de quienes trabajen más influidos por las modas.[161]

Para Manolo de las Casas la falta de decoración externa tiene que ver con su carácter manchego poco dicharachero y poco exhibicionista.

Sin embargo, en los interiores, esos patios con una riqueza impresionante muestran cómo es el manchego una vez que lo conoces, que pasas la barrera. También han Influido mucho en esta forma de construir el clima de la región y sus paisajes. Hasta que la modernidad ha provocado una ruptura, el cómo habitaba un hombre, el dónde y su personalidad estaban muy ligados.

Somos muchos los arquitectos que estamos persiguiendo la vuelta a esos lazos de unión, que buscamos la esencia de los tipos constructivos de cada zona. Desde mi punto de vista, mirando a la tradición se puede hacer mejor arquitectura.[162]

---

[161] Extracto de la conversación mantenida entre Alberto Campo Baeza (1946) y Arturo Franco en el Círculo de Bellas Artes de Madrid el 18 de marzo de 2004. Documento grabado y transcrito.

[162] Extracto de la conversación mantenida entre Manuel de las Casas (1940) y Arturo Franco con motivo de la entrega de los Premios Antológicos de Arquitectura de Castilla la Mancha en julio de 2006. Documento grabado y transcrito. Entrevista publicada en *C_LM. Castilla La Mancha. Arquitectura, Territorio e Identidad.* Edita Instituto Cervantes Fundación y Civitas Nova. Madrid, 2006.

J. C. Sancho B. Lleó F. J. Sáenz
de Oiza

Juan Carlos Sancho, catedrático de proyectos, no lo circunscribe solo al caso manchego a pesar de haber explorado en Valleacerón los efectos de la luz sobre los pliegues de hormigón en una capilla para la familia de Manolo Sanchís.

La casa-patio está en todo el mundo. Podríamos trazar un anillo imaginario alrededor del planeta pasando por lugares donde existe la tipología de la casa-patio: España, Italia, Grecia, India, China, Colombia... La casa-patio surge ante determinadas condiciones climáticas que se repiten en muchos lugares.[163]

Nos recuerda Blanca Lleó la transpiración permanente de Sáenz de Oiza.

Oiza tenía un sustrato intelectual; sin embargo, cuando proyectaba, parecía un niño que estaba descubriendo el mundo. Cuando Oiza veía un rebaño de ovejas en mitad de Castilla-La Mancha, veía un edificio. Es decir, él veía que esas ovejas, en el mes de agosto, se arrimaban unas a otras para darse sombra y que, al mismo tiempo, iban rotando porque las que estaban en el perímetro eran las que más calor soportaban. Y de ahí, él sacaba un proyecto y hacía la Universidad de

[163] Extracto de la conversación mantenida entre Juan Carlos Sancho (1957) y Arturo Franco con motivo de la entrega de los Premios Antológicos de Arquitectura de Castilla la Mancha en julio de 2006. Documento grabado y transcrito. Entrevista publicada en *C_LM. Castilla La Mancha. Arquitectura, Territorio e Identidad.* Edita Instituto Cervantes y Fundación Civitas Nova. Madrid, 2006.

J. Elvira   J. Revillo

Córdoba... Oiza era capaz de ver el mundo que le rodeaba en clave de arquitectura.[164]

Juan Elvira, director de la revista Oeste cuando mantuvimos la entrevista, se aleja de la pura representación formal y de sus esfuerzos compositivos.

El arquitecto tiene que encontrar nuevas formas de resistencia. La resistencia no está en que la proporción de la fachada responda a una regla áurea para que la luz diagonal encuentre su mayor expresión esencial y así hacer una arquitectura auténtica... Eso es algo que casi nadie va a experimentar... La resistencia se tiene que aplicar a asuntos más relacionados con nuestra realidad. Yo creo que nuestra misión es encontrar esas nuevas resistencias y olvidarse de esencialismos autorreferenciales, que a mi entender no tienen demasiada validez.[165]

Poniendo como ejemplo el recinto Ferial de Zamora finalizado en el año 1996, Javier Revillo vuelve a hablar de lo inmaterial.

[164] Extracto de la conversación mantenida entre Blanca Lleó (1959) y Arturo Franco en el Círculo de Bellas Artes de Madrid el 13 de noviembre de 2003. Documento grabado y transcrito.

[165] Extracto de la conversación mantenida entre Juan Elvira, Clara Murado, Enrique Krahe y Arturo Franco sobre la revista OESTE en el Círculo de Bellas Artes de Madrid el 4 de abril de 2004. Documento grabado y transcrito.

*Cuando nosotros escribíamos la memoria de ese proyecto decíamos
que era un rapto temporal del espacio de la Aldehuela, que es el espacio
donde está situado. Un rapto. Una extracción. Un acotamiento como el
que acota una hectárea con cuatro mojones distantes. No es lo mismo
estar dentro de estos cuatro mojones que fuera, ya que, dentro de estos
cuatro mojones, un sistema de leyes dice que ese es tu territorio; en
cambio, en cuanto sales de estos cuatro mojones estás en territorio del
Ayuntamiento. Es decir, en nuestro sistema de instalación existen elementos mínimos básicos que acotan y diferencian los espacios aunque
nosotros visualmente no lo percibamos.*[166]

Recurrir a Alberti puede ayudar a reforzar este punto.

*Conviene en el conformar de los miembros imitar la modestia de la
naturaleza, porque como en las demás cosas, así también en esta no
loamos más la modestia, que no vituperamos el desmedido apetito de
edificar. Conviene que sean pequeños los miembros y necesarios para la
cosa que has de tratar, porque toda la razón de edificar, si bien lo miras,
ha salido de la necesidad. Alimentó a la comodidad, honestóla el uso,
y lo postrero fue que se tuviese respeto al deleite, aunque siempre el
mismo deleite aborreció de las cosas demasiadas.*[167]

Voy a recurrir de nuevo a ejemplos lejanos, ajenos a Madrid, para no
levantar suspicacias. Lejanos en lo geográfico y próximos en cuanto
a intenciones.

Los jovencísimos arquitectos de Al Borde, herederos del aplomo
de José María Sáez, aunque más activistas, levantan con 200 euros
una pequeña escuela en la playa del Cabuyal, bañada por el Pacífico
Norte. De nuevo el inicio de la construcción es la *tateana* japonesa.
Cuatro postes clavados en la arena y una base cuadrada formada por
ramas recogidas del bosque de enfrente. Construyen como se construye en la playa, como siempre se ha construido allí, pero toman

[166] Extracto de la conversación mantenida entre Javier Revillo (1959) y Arturo Franco
en el Círculo de Bellas Artes de Madrid el 12 de febrero de 2014. Documento grabado y
transcrito.

[167] ALBERTI, D.; Da Re Edificatoria, cit. por Fernández Galiano, L.; *El fuego y la memoria*,
p. 211

una decisión como arquitectos. A un metro cincuenta de la base,
el cuadrado de palos se convierte en hexágono utilizando piezas de
las mismas dimensiones. El coste es igual, pero generan un espacio
interior mayor. Un lugar más amplio para la biblioteca infantil. Así
de sencillo y de complicado al mismo tiempo. Inteligente y contenida
también es la "Casa de la Palabra" del pueblo Dogón en la falla Ban-
diágara. En la otra punta del mundo. Una pequeña construcción de
madera donde se reúnen a parlamentar, sentados sobre cortezas, los
más ancianos de la aldea. Cuatro pilares y una cubierta a dos aguas.
Sin paredes ni pavimento. Lo más inteligente es que el techo está a
un metro veinte de altura, por lo tanto la construcción ahorra material, arroja sombra y, al mismo tiempo, evita que en una discusión
acalorada alguien se pueda levantar y perder los papeles.[168]

Paseando de nuevo por Mali, en algún mercado de Bamako un des-
cendiente de los Touré vende zapatillas deportivas. Hace calor.
Tiene que vender y protegerse del sol. Las ata, unas a otras, por los
cordones y se fabrica una cortina-celosía perfecta. El problema está
solucionado partiendo de un sistema elemental. Una zapatilla atada
a otra y colgadas del bastidor superior. Gravedad, equilibrio sistema,
oportunidad, mínimos recursos. Arquitectura.[169]

Nos hemos tropezado con la huella del hombre en el territorio, inte-
grada. La memoria del hombre que forma parte del tiempo geológico
y no tanto de la historia secuencial documentada. La que ya forma
parte de la naturaleza.

Hablamos del tiempo en términos no lineales y, por supuesto, no
convencionales.

Ángela Souto, especialista en paisaje, habla del tiempo a dos veloci-
dades.

*Cuando hablábamos antes de la sensibilidad y de lo difícil que es incul-
cársela a los alumnos de arquitectura, ahí está una de las claves: pensar*

[168] "Escuela Nueva Esperanza en El Cabuyal, Manabí. Ecuador. 2009. (Al bordE Arquitectos)", Arquitectura COAM, nº 359, 1er trimestre, 2010, pp. 46-51.
[169] "Guía práctica de Bamako", Arquitectura COAM, nº 354, 4º trimestre, 2008, p.84.

A. Souto   B. Matos

que el tiempo es la cuarta dimensión del jardín. A veces, un arquitecto olvida algo tan obvio porque está acostumbrado, por una parte, a la perennidad de la arquitectura y, por otra parte, a la inmediatez, a buscar logros a corto plazo. En cambio, la arquitectura del paisaje, por una parte, es vulnerable, frágil y efímera y, por otra, necesita un tiempo para que llegue a ser como uno la pensó.[170]

Beatriz Matos describe su proyecto para el parque Casino de La Reina en el barrio madrileño de Lavapiés a través de un análisis metafísico y sensible.

Como condensadores de memoria, los grandes árboles son líneas de fuerza entre un pasado arraigado y un futuro volátil. Nuestro parque tiene fragmentos de memoria condensada en varias de sus esquinas y bajo el plano del suelo. Un parque son las cosas que casi nunca figuran en los proyectos, las sensaciones, las ilusiones, los recuerdos. Un parque es un paisaje de actividad.[171]

Para Bayón el tiempo vuelve a tener una dimensión geológica, más lenta. Un largo recorrido que nos trasciende.

[170] Extracto de la conversación mantenida entre Ángela Souto y Arturo Franco en el Círculo de Bellas Artes de Madrid el 20 de marzo de 2003. Documento grabado y transcrito.

[171] Extracto de la conversación mantenida entre Beatriz Matos, Alberto Martínez Castillo y Arturo Franco con motivo de la redacción del prólogo del monográfico: *Colección Monoespacios. Matos y Castillo.* Fundación COAM. En Madrid el 3 de enero de 2007.

M. Bayón

En esta profesión no deberíamos perder de vista que estamos trabajando para más gente y para más tiempo. Y ello obliga al arquitecto a buscar la aclaración de su personalidad.[172]

A lo largo de casi tres siglos, durante la época Augusta, los romanos amontonaron las ánforas rotas de terracota que utilizaban para el transporte del aceite. Las acumularon con mucho sentido al borde de la metrópoli. Hoy se conoce aquel basurero como el Monte Testaccio. La topografía artificial generada a partir de miles de estratos de trozos cerámicos y bocas para el drenaje, estratégicamente ubicadas, es un ejemplo claro de integración, de lógica productiva. Hoy es un parque natural cargado de memoria.[173]

En Madeira, el fotógrafo David Francisco trabaja sobre el medio natural y la etnografía. Las marcas de los primeros pobladores de la isla pertenecen ya a la roca y conviven con la vegetación tal y como muestran sus fotografías. Peter Zumthor, al hilo, en el libro *Pensar la Arquitectura,* escribe:[174]

---

[172] Extracto de la conversación mantenida entre Mariano Bayón (1942) y Arturo Franco en el Círculo de Bellas Artes de Madrid el 5 de diciembre de 2002. Documento grabado y transcrito.

[173] COLELLA, Federico; "Monte Testaccio: topografía de desechos [Topografía]"; Arquitectura COAM, n° 361, 3er cuatrimestre, 2010, pág. 92-97.

[174] FRANCISCO, David; "Grutas", Arquitectura COAM, 361, 3er cuatrimestre, 2010, pp. 106-111.

J. Aparicio

H. Fernández
Elorza

Uno arroja una piedra al agua: la arena se arremolina y vuelve a asentarse. La perturbación fue necesaria, y la piedra ha encontrado su sitio. Sin embargo, el estanque ya no es el mismo que antes.[175]

Cuando la acción del hombre encuentra acomodo en la naturaleza, algo tan difícil. Tan lento a veces, tan inmediato otras. La obras que, de algún modo, parece que siempre han estado ahí.

Por otro lado y mirando más de cerca, con algo de miopía, la acción de construir, de destruir, de cortar, ha desvelado lo que sucede en el interior. Otro punto de vista del material. Del material que quiere volver a ser materia, de la materia que será transformada algún día en material. En esta situación, nos han interesado, a los arquitectos de Madrid, los trabajos que no han dado por sentado los destinos convencionales de los materiales, sus aplicaciones de manual. Como ya he señalado en ejemplos anteriores, los resultados no siempre son atractivos.

Cuando el material quiere volver a ser materia, habría que dejar que alcanzase su anhelo, separarte y contemplar. Cuando Jesús Aparicio y Héctor Fernández Elorza, o mejor dicho, un hilo de diamante, corta el forjado de las Arquerías en Nuevos Ministerios arañando el trabajo de ilustres arquitectos anteriores, desvela la naturaleza de la sección. Descubrimos otro mundo. El mundo de la materia aparece delante de nuestros dientes mientras descendemos a las antiguas

[175] ZUMTHOR, Peter; *Pensar la arquitectura*, Gustavo Gilli, Barcelona, 2004, p. 17.

galerías. El acero y el árido seccionados desde un punto de vista inédito. El arquitecto como arqueólogo de la materia. Algo parecido ocurre en el trabajo del escultor Giuseppe Penone cuando talla el árbol viejo hasta encontrar la rama que algún día pudo haber estado allí. O cuando Michael Heizer, en *Silver Springs*, a finales de los años sesenta, presenta en medio del desierto un hueco y una gran roca en su interior confundiendo las fronteras entre materia, paisaje e intervención. Podría recordar, también, el ejercicio titánico, heroico, de Francisco Alonso al desplazar con precisión seis montañas graníticas y convertirlas en pilares platónicos, perfectos, en el Molar.[176]

Rafael Iglesia, arquitecto rosarino, incorpora pilares-tronco en muchas de sus obras. Es coherente con lo que escribe.

Todo lo que me motiva está fuera de la arquitectura. Yo no miro arquitectura. No voy a ver obras de nadie cuando viajo. No me interesa. Lo que me gusta es reparar en el diseño callejero, en lo que no está catalogado, en la utilización de la madera o exposiciones de arte.[177]

Han aparecido lugares, grietas, edificios, en estas páginas, que han sido capaces de recibir nuevos usos sin contorsionarse, sin perder sus cualidades, demostrando que el hombre es más elástico que la arquitectura o así lo entendemos. Que se puede reanimar la arquitectura sin prostituirla. La arquitectura como cueva.

Intervenciones mínimas. Reducción de las intervenciones al mínimo. Borrar y limpiar frente al producir. Borrando y limpiando se desvelan virtudes, valores ocultos. Esperar observando hasta encontrar la oportunidad frente a producir indiscriminadamente.

En el Ámsterdam posterior a la guerra existían gran cantidad de espacios residuales, lugares que fueron aprovechados por Aldo van Eyck para proponer una red de parques de juego infantiles. Llegó a

---

[176] "Conjunto Monumental de la Casa Cultural y de la Campa del Ferial Agropecuario de El Molar, Madrid. España. 2008. (Alonso, Francisco)", Arquitectura COAM, n° 355, 1er trimestre, 2009, pp. 12-29.

[177] FUCARACCIO, Aníbal; "No digan que no les avisé" (entrevista a Rafael Iglesia), La Capital Estilo. Disponible en:http://archivo.lacapital.com.ar/2006/07/22/estilo/noticia_311184.shtml

I. Ábalos

construir más de 700 de estos parques por toda la ciudad, reutilizando unos espacios que tenían un potencial hasta ese momento inadvertido. Este es un ejemplo ciertamente conocido.

En algunos de estos casos se ha tratado de aportar una nueva postura ante la actuación en el patrimonio. Histórico, o no. Urbano o rural. Una postura radical, una experiencia sobre los límites de la no-actuación que favorece los grados de libertad de sus habitantes.

En estos ejemplos se ha abordado la revitalización de la arquitectura o la ciudad desde el ahorro energético a través de construir lo mínimo y con lo mínimo.

Para Iñaki Ábalos hay una idea que merece tenerse en cuenta y que se abre paso, ante tanta impostura tecnológica, invocando la sostenibilidad –a la que me sumo, con matices–. Para Ábalos, *Bartleby, el personaje creado por Herman Melville, y su famoso "preferiría no hacerlo" es quien mejor expresa la dimensión estética de la sostenibilidad, cuestionando la necesidad misma de toda acción. Se podría decir que una idea así implica el suicidio de la arquitectura más que una renovación estética.* Ábalos pone el ejemplo de Lacaton & Vassal para justificar que esta postura no tiene por qué derivar en ningún suicidio.[178]

Tal vez en el caso de estos arquitectos franceses formados en África, como apunta Ábalos, se trate del camino hacia una renovación

[178] ÁBALOS, Iñaki; "Una cartografía imaginaria", 2g, n°60: Lacaton & Vassal, p. 14.

estética. En otros muchos casos se puede hablar abiertamente de una renovación, o mejor dicho de una consideración ética sin ningún tipo de pretensión estética.

Es cierto que la no actuación, en algunas ocasiones, puede resultar más complicada que la acción, aunque suene paradójico. Dejarse arrastrar por una infinidad de prejuicios morales parece más cómodo, menos arriesgado. Cuando nuestro subconsciente comienza a susurrarnos: *¡qué va a decir la gente!, habrá que taparlo, ¿no?, tendremos que arreglarlo, así no lo podemos dejar, ¡qué feo!...* Y así se van sucediendo los cantos irresistibles de las sirenas que nos empujan a la acción. A dejar nuestra huella.

Ven, ¡oh! ilustre Ulises, alta gloria de los aqueos. Detén tu nave, a fin de que escuches mi voz. Ningún hombre ha pasado de nuestra isla a bordo de su negra nave sin escuchar nuestra dulce voz, sino que se han alejado llenos de alegría y sabiendo muchas cosas...Así cantaban, haciendo resonar su hermosa voz, y mi corazón quería oírlas: y moviendo las cejas, hice señas a mis compañeros para que me desataran, pero agitaron más vivamente los remos; y en el acto Parímedes y Euríloco se levantaron y redoblaron mis ligaduras.[179]

Sirva esta cita para ilustrar claramente el sufrimiento y el esfuerzo derivado de la contención del arquitecto. De muchos arquitectos de Madrid.

La acupuntura urbana no siempre se traduce en obras. En algunos casos, basta con introducir una nueva costumbre, un nuevo hábito, que crea las condiciones necesarias para que se dé la transformación. Muchas veces, una intervención humana, sin que se planee o realice ninguna obra material, acaba siendo una acupuntura.

En mi primera legislatura como alcalde de Curitiba, una de las primeras decisiones que tuve que tomar fue cuando recibí una solicitud de una asociación de vecinos que pedía algo muy extraño: que el Ayuntamiento no hiciera nada en aquella vecindad. [...] El ayuntamiento estaba realizando obras en la zona y la preocupación de los vecinos era que las

---

[179] HOMERO; *La odisea*. Prólogo y preparación de la obra por Enrique Rull, Promociones y ediciones Club Internacional del Libro Madrid, 1985, p.182.

*máquinas acabarían cubriendo un pequeño manantial. Mi despacho fue
lacónico, pero decisivo: "No hacer nada, con urgencia"...*[180]

Tras esta serie de ejemplos de intervenciones mínimas en espacios
existentes que han condicionado el trabajo y confirmado el discurso
de muchos arquitectos de Madrid, continuamos con una reflexión
literaria que no pretende otra cosa que confirmar una cierta univer-
salidad en el pensamiento local.

Jorge Luis Borges recuerda sus primeros momentos como escritor y
cómo la contención es un proceso de aprendizaje, de maduración interna.

*Cuando empecé a escribir, pensaba que todo debía ser definido por el
escritor. Por ejemplo, decir "la luna" se encontraba totalmente prohi-
bido; uno debía hallar un adjetivo, un epíteto para "la luna". Bueno,
pensaba que todo debía ser definido y que no debían utilizarse figuras
comunes en las frases. Nunca hubiera dicho: "Fulano entró y se sentó",
porque era demasiado simple y demasiado fácil. Pensaba que tenía que
encontrar una manera más fantasiosa de decirlo. Ahora descubro que
todas esas cosas son, por lo general, molestas para el lector. Pero pienso que la raíz de todo el asunto se encuentra en el hecho de que, cuando
el escritor es joven, siente de alguna manera que va a decir algo más
bien tonto y obvio o un lugar común, y entonces trata de esconderlo bajo
ornamentos barrocos, bajo palabras de escritores del siglo XVII; o, si
trata de ser moderno, hace lo contrario: inventa palabras continuamente
o hace alusión a aeroplanos, a trenes, al teléfono o al telégrafo, puesto
que se esfuerza por parecer moderno. Después, a medida que pasa el
tiempo, uno siente que las ideas, buenas o malas, se deben expresar
simplemente, porque si se tiene una hay que intentar introducir esa
idea o ese sentimiento o ese estado de ánimo en la cabeza del lector.
Si, al mismo tiempo, uno intenta ser, digamos Sir Thomas Browne o
Ezra Pound, entonces no es posible. Así pues, pienso que todo escritor
empieza siendo complicado: está jugando varios juegos a la vez. Quiere transmitir un estado de ánimo peculiar; al mismo tiempo, tiene que
parecer contemporáneo y, de no hacerlo, se convierte en reaccionario
y en clásico. Por lo que hace al vocabulario, lo primero que se propone*

[180] LERNER, Jaime; *Acupuntura Urbana*, Record, Río de Janeiro, 2003.

J. Aparicio

un escritor joven, al menos en este país, es mostrar a sus lectores que posee un gran léxico, que conoce todos los sinónimos: así tenemos, por ejemplo, en una línea rojo, después escarlata, después otras palabras diferentes, más o menos, para el mismo color: púrpura.[181]

Las intervenciones mínimas o la mínima intervención nos ha llevado a reflexionar, como consecuencia, en la no intervención, en la conquista de los espacios ya existentes. En habitar la arquitectura que se nos ofrece sin necesidad de actuar. En volver a habitar lo construido o aprovechar los huecos cualificados para cobijarnos. Esta actitud ha ido madurando a lo largo de los últimos años reforzada con ejemplos internacionales que han confirmado nuestras intuiciones.

La cueva o la cabaña. La cueva como el lugar que el hombre se encuentra, ocupa, coloniza, descubre su rincón y lo hace suyo, se mueve con la libertad del habitante y decide. La cabaña o el nido como la construcción hecha a la medida del hombre y por el hombre que prevé las funciones e indica a los otros hombres dónde y cómo se debe habitar. Cuando el hombre descubre un espacio y se acomoda a él. Libertad de movimientos.

J. Aparicio comenta: *En palabras del mundo pictórico, el espacio de la cueva es el espacio del oscuroclaro: partes del negro y llegas a la luz; y*

---

[181] Borges entrevistado en: *Conversaciones con los escritores*, The París review, Kairós, pp. 114-115.

el espacio de la cabaña es el del claroscuro: partes de la claridad y la vas velando hasta llegar al grado de luminosidad adecuado. Esas dos formas de generar espacios son bastante antagónicas e interesantes. Sus implicaciones en la percepción del espacio son muy interesantes. Un ejemplo del espacio de la cueva sería el Panteón, en Roma: espacio, continuidad material y luz; y un ejemplo del espacio de la cabaña sería la Casa Farnsworth: elementos que se construyen de forma prefabricada... Es más repetible la Casa Farnsworth que el Panteón, Canopo o Villa Adriana; eso es imposible de trasladar...[182]

En la zona noreste de la ciudad de Beijing, en un tiempo región periférica, se construyó durante la década de los años cincuenta el barrio más importante de industria electrónica de la capital. Este gran complejo industrial acabó llamándose Jiuxiangqiao. La zona industrial electrónica de Jiuxiangqiao, incluida la fábrica 798, se construyó con la ayuda de la ex-Unión Soviética, y sus diseños corrieron a cargo de ingenieros de la ex-República Democrática de Alemania. Durante aproximadamente treinta años mantuvo su influencia productiva y a partir de los años ochenta inició su decadencia hasta que cayó finalmente en el abandono. Hacia 1995 el Instituto Central de Bellas Artes alquiló, a un precio ridículo, como por casualidad, una de aquellas naves y a partir de ese momento un goteo de escultores, galeristas, curadores y libreros fueron ocupando esos espacios hasta convertirse en el barrio artístico de vanguardia más importante de China, fábrica 798. Este es un caso de colonización natural del espacio que demuestra la capacidad de las ciudades y de algunos edificios de regenerarse, de adaptarse a nuevos usos, la facultad del hombre para acomodarse a la arquitectura y no al revés. Algo muy presente para nosotros.

Lacaton y Vassal, en la memoria del concurso para el Palais de Tokyo, incluyeron un manifiesto sobre la "noarquitectura".[183] No hacer nada se plantea como la filosofía de todo el diseño.[184]

---

[182] Extracto de la conversación mantenida entre Jesús Aparicio (1960) y Arturo Franco en el Círculo de Bellas Artes de Madrid el 9 de enero de 2003. Documento grabado y transcrito.

[183] SANS, J. en DEMIN, A.; "Il Palazzo dil Poppolo", Domus, Milán, 2002, n° 847, pp. 122-129.

[184] BOUDET, D.; *Site de Création Contemporaine, Palais de Tokyo en Paris*, Architektur Aktuell, Viena 2002, n° 4, p. 56–67.

J. Fresneda y
J. Sanjuán

Consideramos que el trabajo de un arquitecto no es solo construir; lo primero que hay que hacer es pensar, y solo entonces puedes decir si debes construir o no. Muchas veces tienes que construir algo pero a veces no.[185]

Todos estos ejemplos demuestran que las opiniones vertidas en estas páginas por arquitectos relacionados con Madrid no son propiedad de un pensamiento local, circunstancial y exclusivo. Muy al contrario, son compartidas por una gran minoría. Encontramos congéneres repartidos por el mundo y a lo ancho de la historia.

Lo importante y lo que nos ocupa no son estos casos concretos sino la actitud que los ha motivado, los compromisos que encierran. Una actitud y un pensamiento que compartimos.

Desde esta perspectiva, y como usuario, no se puede entender la arquitectura que te obliga a actuar de una determinada manera, que coarta tu libertad, que condiciona tus movimientos y tus decisiones de la misma manera que no se conciben las cintas extensibles que "organizan" las colas de los aeropuertos. Especialmente cuando no hay nadie esperando. Es la diferencia entre un pez nadando en una pecera de cristal y un ratón corriendo dentro de una rueda. Ambas son situaciones perversas, pero una más que otra.

[185] LACATON, A., en: BILIC, A. N., BRADIC, S., GRIMMER, V.; *Anne Lacaton. We don't much believe in form*, Oris, Zagreb, 2003, n° 24, p. 128.

J. Revillo   C. Lapayese

Javier Sanjuán comenta: *Pensamos en un territorio modelizado, en una superficie activa que pueda recoger usos no programados inicialmente. Algo que sea más flexible, donde la edificación no tenga esa definición tan absoluta y estricta de calle o de plaza.*[186]

J. Revillo apunta en otro momento: *Yo creo que el espacio está ordenado y construido por muchas más cosas que la arquitectura. Por lo tanto, creo que la arquitectura debe dejar de arrogarse la creación de los umbrales y la significación. Y los arquitectos debemos aprender a reconocer que, además de la arquitectura, existen otros límites, otros modos de ordenar el aire y de condicionar el movimiento de las personas.* [187]

Entramos dentro de la conquista del espacio arquitectónico, de un espacio que no conoce arquitecto. De un lugar que no ha sido diseñado. Al menos, la huella de su diseño y el recuerdo de su arquitecto, ingeniero o creador han sido borrados por el paso del tiempo. Espacios sin autor evidente, sin embargo, eficaces.

Dentro del mundo de las últimas manifestaciones artísticas se hace referencia de algún modo, también, a la captura y adaptación de los

[186] Extracto de la conversación mantenida entre Javier Fresneda y Javier Sanjuán, licenciados en el año 1991, y Arturo Franco en el Círculo de Bellas Artes de Madrid el 14 de noviembre de 2002. Documento grabado y transcrito.

[187] Extracto de la conversación mantenida entre Javier Revillo (1959) y Arturo Franco en el Círculo de Bellas Artes de Madrid el 12 de febrero de 2014. Documento grabado y transcrito.

espacios encontrados. A modo de *objet trouvé*. El artista Hisae Ikenaga redefine las reglas del baloncesto y lo hace posible en el vaso
vacío y abandonado de una antigua piscina. El hueco resulta ahora
útil y las reglas se modifican para adaptarse al espacio. Este proyecto
comenzó en 2009 con el registro fotográfico de *Piscina-Baloncesto*[188],
un partido de baloncesto con dos jugadores que se disputó dentro
de una piscina. En este caso, la piscina se midió con referencia a una
pista de baloncesto reglamentaria.

La obra del fotógrafo bilbaíno Aitor Ortiz: *Muros de Luz*[189] propone una
visión un tanto diferente, una naturaleza intervenida mediante la introducción de elementos primarios, luz y espacio, que empiezan a dar forma
a algo que puede llegar a ser interpretado como arquitecturas. Arquitecturas que pueden llegar a ser habitadas, al menos desde la imaginación.

Más poética y primitiva al mismo tiempo es la experiencia de los arquitectos Iñaqui Carnicero y Héctor Fernández Elorza al encontrarse,
como por casualidad, una montaña hueca. Vaciada por el hombre para
extraer la piedra con la que construir la ciudad de Ragusa. Sin ninguna
intención arquitectónica pero cargada de lógica estructural, material.
De pronto es habitable, es arquitectura, una hermosa Catedral des-
provista de egos.[190]

Concha Lapayese nos vuelve a recordar a Oteiza y su relación con
Fullaondo.

*Oteiza decía: "Yo soy escultor y vosotros arquitectos. Los arquitectos
sois muy limitados. No entendéis el espacio. En cambio, yo intento ser
un biólogo del espacio. Intento analizar las cualidades de algo vivo". Las
cosas que vas analizando tienen un mismo código genético. Hacemos
variantes, pero variantes próximas. Aunque también puede haber variantes dispares. Oteiza trabajaba sobre variantes cóncavas-convexas, variantes muy extremas.*

---

[188] "Piscina-Baloncesto. 2010. (Ikenaga, Hisae)", Arquitectura COAM, 363, 2° cuatrimestre, 2011, pp. 24-25.

[189] "Muros de luz. (Aitor Ortiz)", Arquitectura COAM, n° 354, 4° trimestre, 2008, pp. 120-127.

[190] Los secretos de Ragusa [Otras Disciplinas] Arquitectura COAM. N° 359, 1° TRI. 2010.
pp. 114-119 (Fernández Elorza, Héctor; Carnicero, Iñaqui) (E).

F. Alonso

*Fullaondo fue una de las primeras personas que comenzó a hablar-
nos de Oteiza en la Escuela. Oteiza decía que no quería convertirse
en un fabricante de esculturas, sino trascender los lenguajes. Y antes
de pasar al papel, que es la máxima economía del lenguaje, hace una
incursión por el territorio habitado y empieza a trabajar sobre cómo
entiende el paisaje construido. Y descubre que los instrumentos necesarios no son solo la escultura y la palabra, necesita algo que esté más
allá, y nombra a eso la "Biología del espacio". Antes de que naciera
el Guggenheim, se planeó organizar en el Mercado de la Alhóndiga el
Centro de Arte Contemporáneo Vasco. Ese proyecto se lo encargaron a
Fullaondo y él llamó a Oteiza...* [191]

Como resumen de este apartado me gustaría acabar de nuevo con
una negación para definir lo que nos ocupa. Francisco Alonso lo
hace por nosotros:

*La arquitectura que hay que hacer es aquella que nos permite hacer
aquello que sin ella no se podría hacer. Todo lo demás sobra. La arquitectura necesaria. Ese sería su punto justo.*[192]

[191] Extracto de la conversación mantenida entre Concha Lapayese y Arturo Franco
en el Círculo de Bellas Artes de Madrid el 24 de junio de 2004. Documento grabado y
transcrito.

[192] Extracto de la conversación mantenida entre Francisco Alonso y Arturo Franco en
el Círculo de Bellas Artes de Madrid el 2 de diciembre de 2004. Documento grabado y
transcrito.

R. Moneo

Al final del recorrido me reúno con Rafael Moneo para poner en crisis las conclusiones de este Ensayo, en su estudio de la calle Cinca nº 5, el 20 de enero de 2015. Allí hablamos directamente sobre estos puntos. Sin testigos, sin tapujos, sin grabadora. Vuelco, llegado este punto, algunos apuntes tomados sobre la marcha. Moneo prefiere no hablar demasiado de nuestros contemporáneos de Madrid amparándose en su alejamiento Americano.

Cuando volví de América había perdido el contacto con las nuevas generaciones. Mi estancia en Estados Unidos supuso el lujo de no mezclarme demasiado con los ambientes académicos.

Sin embargo, se centra en un arquitecto de Madrid. Un arquitecto que posee algunas de las cualidades y actitudes que durante este trabajo han ido apareciendo. Juan de Villanueva. A través de él habla del orden, de la contención, del compromiso y, en cierto modo, de la oportunidad. Habla del rigor constructivo, de la modestia, de la disolución de la expresión individual...

Un arquitecto crucial para Madrid es Villanueva. Introduce un rigor constructivo, orden, modestia. No está ligado al iluminismo. Su neoclasicismo personal no abusa de la expresión individual. Posee una refinada sensualidad prendida por un gusto por lo racional. Extraordinariamente inteligente.[193]

[193] Conversación mantenida entre Rafael Moneo y Arturo Franco en su estudio de la calle Cinca nº5, el 20 de enero de 2015.

El Prado sin duda es su mejor obra. Es abstracto, duro, geométrico. Tiene la capacidad de los que no sintiéndose ajenos a lo doméstico son capaces de convertir lo que hacen en algo monumental. El mejor Gutiérrez Soto o el mejor Zuazo algo tienen de Villanueva.

Para Rafael Moneo la oportunidad es una categoría que tiene que ver con el tiempo. Relacionada con Heráclito. Mientras que el orden está asociado al clasicismo como ya escribimos en el capítulo correspondiente por boca de Antonio Fernández Alba. Se relaciona de esta manera con Parménides. El compromiso para Rafael Moneo y para la gran mayoría de los arquitectos que aquí han aparecido está vinculado a lo social y a lo político, relacionado con la condición de la ciudad y su capacidad de asumir nuevas directrices. Sin embargo, la contención podría estar relacionada con el medio, es algo que tiene que ver con lo geográfico.

La arquitectura madrileña no siempre ha sido contenida. Sin embargo, contenido eran Lacasa o Sánchez Arcas.

Francisco Javier Sáenz de Oiza, Maestro de Francisco Alonso y de tantos otros, nos ofrece, al final, la clasificación de Ezra Pound para que cada uno de nosotros nos situemos en silencio donde nos corresponda.

Hace poco leía yo de Ezra Pound su clasificación de los poetas. Yo me repito mucho y hoy lo repetía otra vez en la Escuela. Él establecía seis niveles. El primero era el de los inventores de la poesía, decía que esos no son nadie, porque ¿quién inventa la Ilíada?, ¿Homero?, pero ¿quién es Homero sin sus precursores?, ya que los "inventores" vienen a ser la tradición o el pueblo.

La segunda categoría la forman los "maestros", que son aquellos capaces de aportar algo. La tercera son los "Mario Botta", es decir, los "diluidores", los que disuelven la fuerza de los maestros que a su vez habían tomado la corriente de los inventores. Los otros son: el "común de todos los escritores"; los quintos son "les belles lettres". ¿Y sabéis cuales eran los últimos?, que era por lo que me interesaba a mí la clasificación de Ezra Pound, los últimos son los lanzadores de modas. Los que parece que son los más revolucionarios, los que efectivamente están

F. J. Sáenz
de Oiza

en la "punta de la ola", resulta que ocupan el último lugar en la lista de los poetas.

En cualquier obra se detectan los precursores, lo anónimo, la historia, lo distante, lo originario, lo que no tiene ni principio.[194]

En este libro no me ha quedado otro remedio que hacer un trabajo de "diluidor", siendo consciente del lugar que ocupa en la clasificación de Ezra Pound. Aunque es evidente que en este análisis también hay algo de mí y alguien podría pensar que es poco objetivo –no le falta razón–. He necesitado más de quince años para intentar comprender e interiorizar todas estas conversaciones, para hacerlas mías a través de mi propia experiencia como arquitecto, para asumirlas como propias. Los apartados de la oportunidad, el orden, el compromiso y la contención bien podrían haber sido otros, no lo dudo. Las opiniones son tranversales y tienden a reorganizarse constantemente. Muchas de ellas podían ocupar otro lugar, otro compartimento y seguir contribuyendo a una cierta identidad. Sin pretender esconderme ahora entre ambigüedades, las interpretaciones son múltiples e infinitas como las de la propia arquitectura. Esta es la mía.

---

[194] Conversación entre Vicente Patón, Pierluigi Cattermole y Francisco Javier Sáenz de Oiza en 1986 recogida del libro: SÁENZ DE OIZA, Francisco Javier; *Escritos y conversaciones*, Fundación Caja de Arquitectos, Barcelona, 2006, p. 31.

EPÍLOGO

Tras todo lo acontecido no parece necesario aclarar que este libro de ningún modo analiza totalmente las características de la obra producida por una posible Escuela de Madrid. No se muestran coincidencias físicas identificables, uso de determinados materiales, apuesta por un determinado lenguaje... En ningún caso se ha querido hablar de una producción unitaria con rasgos comunes. No se ha intentado encontrar, ni se han hayado resultados similares, identitarios, en las obras producidas por los arquitectos de Madrid, al contrario. Lo que si demuestra este trabajo es la existencia de algunos aspectos convergentes en el pensamiento y en la actitud de estos arquitectos a pesar de la diversidad de sus resultados.

Es necesario afirmar que las conclusiones aglutinan pensamientos comunes a los arquitectos de Madrid, pero que no son exclusivos estos. Encontramos una gran minoría de planteamientos similares fuera de Madrid, algunos de los cuales han servido para nutrir este trabajo.

Oportunidad, orden, compromiso o contención. Fundamentalmente son estos los capítulos recurrentes y los principales pensamientos coincidentes de los arquitectos madrileños de las últimas generaciones. Si bien, cabe puntualizar, que al acabar el periodo de análisis, es decir, a partir de la primera década del siglo XXI, estos pensamientos se han ido disolviendo y pervirtiendo debido a la aparición de una nueva generación de jovencísimos profesores o la transformación de algunos no tan jóvenes que han ido introduciendo otros planteamientos alejados de aquellos que han caracterizado durante más de medio siglo el pensamiento de los arquitectos de Madrid. De esta manera se percibe un giro hacia pensamientos relacionados con la política activa o la excesiva confianza en el virtuosismo gráfico, herramientas de dudosa correlación con la realidad física o las verdaderas necesidades. Pensamientos más próximos a la invención constante o a la ocurrencia que al descubrimiento. Pero será la historia próxima la que recogerá y valorará estos nuevos acontecimientos sometiéndolos a la necesaria perspectiva. A su debido tiempo.

Aun recuerdo una conversación reciente con uno de esos profesores jovenes, más jóvenes que yo, que me decía con un cierto retintin *"¡Es que a ti te gusta la arquitectura pureta...!"*

No supe que responder salvo terminar cuanto antes este libro.

Huelga decir que el verdadero valor de este trabajo no reside en la profundidad de sus conclusiones sino en el indiscutible valor documental de los testimonios que representan una realidad. La nuestra.

LA LISTA

Antonio Florez y Teodoro Anasagasti, Zuazo, Blanco Soler,
Bergamín, Fernández Shaw, De los Santos, Aguirre, Sánchez
Arcas, Borobio, Azpiroz, Casayús, LaCasa, García Mercadal,
Arniches, Martín Domínguez, Gutiérrez Soto, Bernardo
Giner de los Ríos, Yárnoz Larrosa, Modesto López Otero,
Leopoldo Torres Balbás, Gustavo Fernández Balbuena,
Víctor Eusa, Felipe López Delgado y Calvo de Azcoitia. Más
tarde aparecerían: Esteban de la Mora, Martínez Chumillas
y Aníbal Álvarez, Aizpurúa y Labayen, Luis Vallejo, Pascual
Bravo, Eduardo Torroja, Luis Moya, Eugenio Aguinaga,
Pedro Bidagor, Diego Mendez y Pedro Muguruza, Fernandez
Vallespin, Luis Martínez Feduchi, Fernando Chueca Goitia, De
la Sota, Cabrero, Fisac, Fernández del Amo, Aburto, Sáenz de
Oiza, Corrales, Molezún, Cano Lasso, Romany, La-Hoz, García
de Paredes, Ortiz Echagüe, Barbero, Carvajal, Vázquez de
Castro, Íñiguez de Onzoño, BarBoo, Peña Ganchegui, Laorga,
Alvear, Cubillo, Sierra, Antonio Lamela, De la Peña, López
Zanon, De la Joya, Ramón Moliner, Jaime Ruiz, Carlos de
Miguel, José A. Domínguez, Ricardo Magdalena, Fernández
Casado, Leoz, Martitegui, Susunaga, Pablo Pintado, Ruiz
Hervás, García de Castro, Eleuterio Población Knappe, Carlos
Flores, Eduardo Mangada, Carlos Ferrán, López Candeira,
Miguel Oriol, Juan Daniel Fullaondo, Fernando Higueras,
Antonio Miró, Antonio Fernández Alba, Francisco (Curro) Inza
y Rafael Moneo, Javier Feduchi, Santiago Artal, Fray Coello
de Portugal, Moreno Barberá y Luis Recaséns, Fernández
Albalat, Pedro Casariego, Genaro Alas, Alberto Campo
Baeza, Antón Capitel, Manuel de las Casas e Ignacio de las
Casas, Fernando Fauquié, Fernando Nanclares y Nieves
Ruiz, José Manuel López Peláez, Álvaro Llano, Miguel Martín
Escanciano, Juan Navarro Baldeweg, Paco Partearrollo,
Antonio Romero, Gabriel Ruiz Cabrero, Enrique Perea,
Javier Vellés, Ignacio Vicens, Alfonso Casares, Reynaldo
Ruiz Yébenes, Javier Bellosillo, Chema González, Jerónimo
Junquera, Estanislao Pérez Pita, Víctor López Cotelo, Carlos
Puente, Javier Azofra, José Carlos Velasco, Alfonso Valdés,
Ramón Cañas, María Luisa López Sardá, Javier Frechilla,

Eduardo Sánchez, Juan Antonio Cortés, María Teresa
Muñoz, Daniel Zarza, Julio Vidaurre, Dionisio Hernández
Gil, Adolfo González Amezqueta, Bernardo Ynzenga, Ramón
Vázquez Molezún, Ricardo Aroca, Javier Seguí, José Ignacio
Linazasoro, Antonio Cruz y Antonio Ortiz, Gabriel Allende
Gil de Biedma, Sebastián Araujo, Jaime Nadal, Pedro
Hierro, Miguel Martín Escanciano, Sara de la Mata, Ignacio
Mendaro, Francisco R. Partearroyo, Andrés Perea Ortega,
César Ruiz Larrea, Emilio Tuñón, Ignacio Vicens, Mariano
Bayón, Carlos Rubio Carvajal, Iñaki Ábalos y Juan Herreros,
José Manuel Gallego, Fuensanta Nieto, Enrique Sobejano,
Ricardo Sánchez Lampreave, Fernando Porras Isla y Federico
Soriano, Enrique Bardají, José María Ezquiaga, Ramón López
de Lucio, Agustín Hernández Aja, Juan Miguel Hernández de
León, Javier Ortega Vidal, Antonio Riviere, Angel Fernández
Alba, Javier y Pedro Feduchi, Salvador Pérez Arroyo, Prada
Poole, Luis Fernández Galiano, Luis Moreno Mansilla, Félix
Cabrero, Carlos, Francisco Javier Climent, Juan Ignacio Mera,
Samuel Torres, Sol Madridejos, Juan Carlos Sancho, Javier
Revillo, María Fraile, Javier Maroto, Eduardo Arroyo, Jesús
Aparicio Guisado, Andrés Cánovas, Atxu Amann y Nicolás
Maruri, María José Aranguren y José González Gallegos,
Beatriz Matos y Alberto Martínez Castillo, Fuensanta Nieto y
Enrique Sobejano, Ángela García de Paredes e Ignacio García
Pedrosa, Raúl del Valle, Eduardo Pérez Gómez, Juan Llorente
y Miguel Ángel Sánchez, Andrés Jaque y Miguel Bernardini,
Iñaqui Carnicero, Alejandro Virseda, Héctor Fernández
Elorza, César Jiménez Benavides, María Hurtado de Mendoza,
Julián Jiménez Benavides, José María Hurtado de Mendoza,
Manuel Sánchez Vera, Pedro Pablo Arroyo Alba, Antón
García-Abril, Alberto Sixto Morell, Victoria Acebo y Ángel
Alonso, Carmen Martínez Arroyo y Emilio y Rodrigo Pemjeam,
Izaskun Chinchilla, Churtichaga y de la Cuadra Salcedo,
Néstor Montenegro e Ignacio Borrego, Lina Toro, Arturo
Franco, José Luis León y Javier Bernalte, Rubén Picado,
María José de Blas, Marcos Parga, Idoia Otegui, José María
Sánchez García, Luis Úrculo, Manuel Ocaña, Miguel Guitart,

José María García del Monte y Ana María Montiel, Daniel Díaz
Font y Belén Martín Granizo, Efrén García Grinda y Cristina
Díaz Moreno, Óscar Rueda y María José Pizarro, Luca Brunelli
y María Auxiliadora Gálvez, Javier García Germán, Eduardo
Navadijos, Belinda Tato y José Luis Vallejo y Diego García
Setién, Belén Moneo, José Selgas, Lucía Cano, Ruiz Barbarín,
Diego, Gonzalo, Alfonso y Lucía Cano Pintos, José María
Lapuerta y Carlos Asensio, Carmen Espegel, Rafael de la Hoz
Castanys, Francisco Burgos y Ginés Garrido, Ramón Andrada,
Alberto Nicolau, Jesús Ulargui y Eduardo Pesquera, César
Ruiz Larrea, Luis Martínez Santa María y Blanca Lleó, Jacobo
García Germán, Javier Fresneda, Javier San Juan, Francisco
Alonso de Santos.

BIBLIOGRAFÍA

La bibliografía de este trabajo se ha organizado en tres grandes capítulos:

1. Referencias capítulo de Geneaología, incluye la bibliografía básica consultada para la elaboración del capítulo Geneaología perteneciente a la introducción. Arquitectos de madrid desde la generación del 25.

2. Referencias sobre arquitectos o estudios de arquitectura consultados. Incluye la bibliografía específica utilizada en la preparación de las conversaciones mantenidas con los arquitectos.

3. Referencias genéricas. Incluye la bibliografía genérica consultada para la elaboración del análisis y la introducción.

1. REFERENCIAS. CAPÍTULO DE GENEALOGÍA

APARICIO GUISADO, Jesús María. JAE. Jóvenes Arquitectos de España. Madrid: Ministerio de Vivienda, 2007.

CAPITEL, Antón. Hacia la modernidad: Madrid, 1940-1980. Incluido en el libro. VV.AA: Madrid y sus arquitectos, 150 años de la escuela de arquitectura. Madrid: Ed. Comunidad de Madrid, 1996.

BLANCO LAGE, Manuel. Una ciudad llamada España. SEACEX. Madrid: Ed. Gustavo Gilli, 2010.

BOHIGAS, Oriol. Arquitectura española de la segunda república. Barcelona: Ed. Tusquets, primera edición 1970, revisión 1973.

BRU, Eduard y MATEO, José Luis. Arquitectura Española Contemporánea. Barcelona: Ed. Gustavo Gili, 1984.

CAMPO BAEZA, Alberto. 7 Masters of Madrid +7+7 Young Architects. Tokio: A+U 78:03, 1977.

CAMPO BAEZA, Alberto y POISAY, Charles. Young Spanish Architecture. Madrid: Ed. ARK Architectural Publications, 1985.

CHASLIN, Francois. Bajo el signo de la globalización. Arquitectura en España 1975-2005. Madrid: Arquitectura Viva S.L, 2006.

CHUECA GOITIA, Fernando. Invariantes castizos de la arquitectura
española. Invariantes en la arquitectura hispanoamericana. Manifiesto de la Alhambra. Madrid: Ed. Dossat, 1981.

CHUECA GOITIA, Fernando. Historia de la arquitectura española. Edad
Moderna y Contemporánea. Tomo II. Ávila: Ed. Fundación Cultural
Santa Teresa, 2001.

COHN, David. Cambio de turno. Arquitectura en España 1975-2005.
Madrid: Arquitectura Viva S.L., 2006.

COHN, David. La marca ESPAÑA. Arquitecturas de exportación: un
panorama reciente. Madrid: Arquitectura Viva S.L, num.98, 2004.

DE ZAVALA, Juan. La arquitectura. Madrid: Ed. Pegaso, 1945.

DOMENECH GIRBAU, Lluis. Arquitectura Española Contemporánea.
Barcelona: Ed. Blume, 1968.

ESTEBAN MALUENDA, Ana; La modernidad importada. Madrid 1949–
1968: cauces de difusión de la arquitectura extranjera. Tesis doctoral.
Madrid: Universidad Politécnica de Madrid, 2008.

ESTEBAN MALUENDA, Ana. ¿Modernidad o tradición? El papel de la RNA
y el BDGA en el debate sobre las tendencias estilísticas de la arquitectura española. En: II Congreso Internacional 'Historia de la arquitectura
moderna española': Los años 50: La arquitectura española y su compromiso con la historia. Pamplona: 16 y 17 de marzo de 2000.

ESTEBAN MALUENDA, Ana. La difusión de la arquitectura moderna en
España a través de sus revistas especializadas. Los casos alemán e
italiano, en: IV Congreso Internacional 'Historia de la arquitectura
moderna española': Modelos alemanes e italianos para España en los
años de la postguerra. Pamplona (España): 25 y 26 de marzo de 2004.

ESTEBAN MALUENDA, Ana. Tradición versus tecnología: un debate
tibio en las revistas españolas, en: III Congreso Internacional 'Historia de la arquitectura moderna española': Arquitectura, ciudad e
ideología antiurbana. Pamplona: 14 y 15 de marzo de 2002.

FERNÁNDEZ ALBA, Antonio. La crisis de la arquitectura española,
1939–1972. Madrid: Ed. Cuadernos para el Diálogo, 1972.

FERNÁNDEZ-GALIANO, Luis. Los arquitectos: generaciones y obras. Madrid: AV Monografías, num. 74, Arquitectura Viva S.L., 1998.

FERNÁNDEZ-GALIANO, Luis. Un país palimpsesto. Arquitectos. Rafael de la Hoz. Medalla de Oro de la Arquitectura 2000. Madrid: CSCAE, num 56, 2000.

FERNÁNDEZ-GALIANO, Luis. Península sin perímetro. Extranjeros en España y españoles fuera del país. Madrid: Arquitectura Viva S.L, num. 98, 2004.

FLORES, Carlos. Arquitectura Española Contemporánea I, 1880–1950. Madrid: Ed. Aguilar, 1961, reedición 1989.

FLORES, Carlos. Arquitectura Española Contemporánea II, 1850–1960. Madrid: Ed. Aguilar, 1961, reedición 1989.

FLORES, Carlos y GÜEL, Xavier. Arquitectura de España 1929/1996 (Guía). Madrid: Fundación Caja de Arquitectos, 1996.

FULLAONDO, Juan Daniel. Arte, Arquitectura y todo lo demás. Madrid: Ed. Alfaguara, 1972.

FULLAONDO, Juan Daniel y MUÑOZ, María Teresa. Historia de la Arqui tectura Española Contemporánea. Madrid: Ed. Molly, Tomo III, 1997.

GARCÍA-HERREA, Adela. Especie protegida. Un panorama de nuevos y novísimos. Madrid: Arquitectura Viva S.L., num. 100, 2005.

GINER DE LOS RÍOS, B. 50 años de Arquitectura Española 1900-1950. Patria, México: Catálogo General de la Construcción, num. 3, 1954-55.

MDM. Muestra de muestras. Líneas maestras de la joven arquitectura española 1990-2002. Madrid: Ed. Fundación Antonio Camuñas, 2003.

MONEO, Rafael. 28 arquitectos no numerarios. Pamplona: Arquitectu- ras Bis: 23–24, 1978.

RIVERO, José, PERIS, Diego, PAZ+CAL y de las CASAS, Manuel. Cas- tilla La Mancha. Arquitectura, territorio e identidad. Castilla La Man- cha: Ed. Instituto Cervantes y Fundación Civitas Nova, 2007.

RUIZ BARBARÍN, Antonio. Arquitectura Española 1975–2000. 35. Cons- truyendo en Democracia. Madrid: Fundación ACS, 2010.

RUIZ CABRERO, Gabriel. El Moderno en España. Arquitectura 1948-2000. Madrid: Ed. Tanais, 2001.

UCHA DONATE, R. 50 años de Arquitectura Española I (1900-1950). Madrid: Adir Editores, 1980.

URRUTIA, Ángel. Arquitectura española siglo XX. Madrid: Ed. Cátedra, 1997.

AA.VV. Sesión de Crítica de Arquitectura. Ed: La Alhambra, Revista Nacional de Arquitectura, num. 136, abril 1953.

AA.VV. V Bienal de Arquitectura Española. Madrid: Artes Gráficas Palermo, Arquitectos, num. 150, 1999.

AA.VV. V Bienal de Arquitectura. Madrid: Artes Gráficas Palermo, Revista Arquitectos, num. 152, 1999.

AA.VV. VI Bienal arquitectura. Madrid: CSCAE, revista Arquitectos, num. 160, 2001.

AA.VV. VII Bienal arquitectura. Madrid: CSCAE, revista Arquitectos, 2003.

AA.VV. VIII Bienal de Arquitectura Española. Madrid: CSCAE, revista Arquitectos, num.175, 2005.

AA.VV. Arquitectura del siglo XX: España. Madrid, Sociedad estatal Hanover y Tanais ediciones, 2000.

AA.VV. Bienal de Venecia 2000. Pabellón de España. Comisario Alberto Campo Baeza. 2000.

AA.VV. Jóvenes Arquitectos Españoles. Barcelona: Editorial Gustavo Gilli, 2G dossier, 2009.

AA.VV. Los brillantes 50, 35 proyectos. Pamplona: T6 ediciones, Navarra: Escuela Técnica Superior de Arquitectura, Universidad de Navarra, 2004.

AA.VV. Madrid y sus arquitectos, 150 años de la escuela de arquitectura. Madrid: Edita Comunidad de Madrid, 1996.

AA.VV. Monografías. España 2001. Madrid: Arquitectura Viva S.L., num. 87-88, 2000.

AA.VV. Monografías. España 2004. Madrid: Arquitectura Viva S.L., num. 105-106, 2004.

AA.VV. Premio de Arquitectura española 1999. Madrid: CSCAE, revista Arquitectos, num. 153, 2000.

2. REFERENCIAS SOBRE ARQUITECTOS O ESTUDIOS DE ARQUITECTURA

ALONSO, FRANCISCO

ALONSO, Francisco. Conjunto Monumental de la Casa Cultural y de la Campa del Ferial Agropecuario de El Molar. Madrid: revista de arquitectura COAM, num. 355, 1t., 2009.

ALONSO, Francisco. De Architectura Corporis Fabrica [A propósito de van der Laan]. Madrid: revista de arquitectura COAM, num. 360, 2t., 2010.

ALONSO, Francisco. Idea de Oíza. Madrid: revista de arquitectura COAM, num. 355. 1t., 2009.

ALONSO, Francisco. Razón de los Proyectos Arquitectónicos en las Escuelas. Madrid: revista de arquitectura COAM, num. 364, 3c., 2011.

La arquitectura de Francisco Alonso. Cuatro Proyectos para Tres Ciudades. Reseña sobre la Exposición en el Museo Español de Arte Contemporáneo, Madrid 1994. Arquitectos-137. Vol/ 95/ 2. Madrid: Ed. CSCAE, 1975.

ÁBALOS & HERREROS

ÁBALOS, Iñaki y HERREROS, Juan. Abalos y Herreros. Recycling Madrid. Barcelona: Ed. Actar, 2000.

ÁBALOS, Iñaki y HERREROS, Juan. Áreas de impunidad. Barcelona: Ed. Actar, 1997.

ÁBALOS, Iñaki. Bartleby, el arquitecto. Madrid, 2007. Disponible en: www.abalos-sentkiewticz.com.

ÁBALOS, Iñaki y HERREROS, Juan. Biblioteca pública, Usera. Madrid: revista de arquitectura COAM, num. 331, 2003.

ÁBALOS, Iñaki. La buena vida. Barcelona: Ed. Gustavo Gili, S.A., 2002.

ÁBALOS, Iñaki y HERREROS, Juan. Planta de reciclaje de residuos urbanos. Madrid: Ed. CSCAE, Arquitectos, Paraísos artificiales, num. 155, 2000.

ÁBALOS, Iñaki y HERREROS, Juan. Planta de reciclaje de residuos. Madrid: Ed. América Ibérica, Pasajes de arquitectura y crítica. num. 22, 2000.

ÁBALOS, Iñaki. Una cartografía imaginaria. Barcelona: Ed. Gustavo Gili, 2G, num. 60: Lacaton & Vassal, 2012.

ÁBALOS & SENTKIEWICZ ARQUITECTOS. Taller Albert Oehlen. Bülher. Suiza. Madrid: revista de arquitectura COAM, num. 360, 2t., 2010.

HERREROS, Iñaki. Casa Garoza. Madrid: revista de arquitectura COAM, num. 362, 2011.

ACEBO&ALONSO

ACEBO, Victoria y ALONSO, Ángel. Casas MU. Madrid: Ed. América Ibérica, Pasajes de arquitectura y crítica. num. 41, 2002.

ACEBO, Victoria y ALONSO, Ángel. Centro de las artes de la Coruña. Madrid: Ed. América Ibérica, Arquitectura COAM. num. 326, 2001.

ACEBO, Victoria y ALONSO, Ángel. Centro de las Artes de A Coruña. Madrid: El Croquis editorial, num.119, 2004.

ACEBO, Victoria y ALONSO, Ángel. Recinto ferial de Palma de Mallorca. Madrid: Ed. América Ibérica, Arquitectura COAM. num. 326, 2001.

ACEBO, Victoria y ALONSO, Ángel. Recinto ferial de Palma de Mallorca. Madrid: El Croquis editorial, num 106-107, 2001.

Álvarez–Sala & Rubio Carvajal

ALVAREZ-SALA WALTER, ENRIQUE. Viviendas unifamiliares adosadas: [19 proyectos]. Madrid: Ed. Munilla-Leria, 2003.

AA.VV. Grandes Proyectos de Arquitectura, las 168 Viviendas Asequibles en Hospitalet de Llobregat. Arquitecturaplus (a+) num.21, 2014.

AAVV. Torres de España. Alturas ensimismadas ante el invierno económico. Madrid: Arquitectura Viva, num.121, 2009.

AAVV. Escenarios urbanos. 12 intervenciones ejemplares en España. Madrid: Arquitectura Viva. num.136, AV. Proyectos 020, 2007.

AA.VV. Técnicas y estrategias sobre la construcción de la torre SyV. Ed. Rueda S.L, Q¡ ESTUDIO, noviembre 2014.

AA.VV. Colección de pliegos de arquitectura. Vía Obra SCALAE, 2007.

BESTARD, Rita. Álvarez-Sala Walter, Carlos Rubio Carvajal, César Ruiz-Larrea Cangas: proyectos y obras. Madrid: Ed. Munilla-Lería, 2000.

Aparicio, Jesús

APARICIO GUISADO, Jesús María. Casa Horizonte, Salamanca. España. 2006. Madrid: revista de arquitectura COAM, num. 354, 4t, 2008.

APARICIO GUISADO, Jesús Mª. Construir con la razón y los sentidos. Reflexiones docentes y de investigación. Buenos Aires: Ed. Nobuko, 2008.

APARICIO GUISADO, Jesús Mª. Hogar del Jubilado Santa Marta de Tormes. Salamanca: Ed. Raíz de siete,S.L., 2003.

APARICIO GUISADO, Jesús María. La interpretación trémula del lugar. Madrid: revista de arquitectura COAM, num. 360, 2t, 2010.

Aranguren&Gallegos

ARANGUREN, María José y GONZÁLEZ GALLEGOS, José. Edificios de viviendas frente a la M-40. Madrid: El Croquis editorial, num. 96-97, 1999.

OTXOTORENA, Juan Miguel. Arquitecturas de autor. Works Aranguren & Gallegos. Navarra: T6 ediciones, 2000.

Aroca, Ricardo

AROCA HERNÁNDEZ-ROS, Ricardo. El método. Ed. Instituto Juan de Herrera, 2000.

Arroyo, Eduardo

ARROYO, Eduardo. Guardería en Sondika. Madrid: El Croquis editorial, num. 96-97, 1999.

ARROYO, Eduardo. Nuevo estadio de fútbol de Lasesarre. Madrid: El Croquis editorial, num. 106-107, 2001.

Bayón, Mariano

BAYON, Mariano. Mariano Bayon, Architektur 1991. Architektur-galerie am weiBenhof Stuttgart. Madrid: Ed. Siglo XXI de España Editores, 1991.

BAYON, Mariano. Works Mariano Bayon. AA11. Arquitecturas de autor. Universidad de Navarra, Pamplona: T6 Ediciones S.L, 1999.

NAGEL, Ulrich. Mariano Bayón Architektur 1991. Madrid: Siglo XXI. España editores, 1992.

OTXOTORENA, Juan Miguel. Arquitecturas de Autor. Obras Mariano Bayón. Navarra: T6 ediciones, S.L., 1999.

BAYÓN ARQUITECTOS. Nueva Hospedería del Monasterio de Poblet. Madrid: revista de arquitectura COAM, num. 361, 3c., 2010.

Bernalte & León

AAVV. Bernalte_León y Asoc., Rodríguez Frade, Luna, Soldevilla, Ruiz-Fdez., Portoles. Ed. Conarquitectura, num. 8, 2003.

CABRERO, FRANCISCO

CÁNOVAS, Andrés y CASQUEIRO, Fernando. (Proyecto y edición). Pabellón de cristal Cabrero/ Labiano/ Ruiz. Madrid Espacios y Congresos. Madrid: Ed. Escuela Técnica Superior de Arquitectura de Madrid. Dpto. de Proyectos Arquitectónicos, 2008.

CLIMENT ORTIZ, Javier. Francisco Cabrero, arquitecto. 1939-1978. Madrid: Ed. Xarait, edición a cargo de Javier Climent Ortiz,1979.

DE ASÍS CABRERO, Francisco. Casa Cabrero. Madrid. España. 1961. Madrid: revista de arquitectura COAM, num. 363, 2c., 2011.

MARTÍN BLAS, Sergio, RUIZ CABRERO, Gabriel y SÁNCHEZ la CHICA, José Manuel. Legado 02. Francisco de Asís Cabrero Torres-Quevedo. Madrid: Fundación COAM, 2007.

CAMPO BAEZA, ALBERTO

BLANCO, Manuel. Light is more. Campo Baeza. Madrid: TF, 2003.

CAMPO BAEZA, Alberto y PIZZA, Antonio. Alberto Campo Baeza : progetti e costruzioni. Milán: Ed. Electa, 1999.

CAMPO BAEZA, Alberto. Caja General de Ahorros de Granada. Madrid: revista de arquitectura COAM, num. 327, 2002.

CAMPO BAEZA, Alberto. Campo Baeza. Madrid: Ed. Munilla Lería,1999.

CAMPO BAEZA, Alberto. Campo Baeza 2. Colección Arquitectura Española Contemporánea. Madrid: Ed. Munilla-Lería, 3ª Edición, 1999.

CAMPO BAEZA, Alberto. Centro Balear de Innovación tecnológica. Madrid: Ed. América Ibérica, Pasajes de arquitectura y crítica. num. 10, 1999.

CAMPO BAEZA, Alberto. Campo Baeza. Madrid: Ed. Munilla-Lería, Colección Arquitectura Española Contemporánea, 2009.

CAMPO BAEZA, Alberto. Concurso Museo Mercedes Benz. Madrid: revista de arquitectura COAM, num. 327, 2002.

CAMPO BAEZA, Alberto. Jorn Utzon, a gift from God. Madrid: revista de arquitectura COAM, num. 355, 1t., 2009.

CAMPO BAEZA, Alberto. La idea construida. La arquitectura a la luz de las palabras. Madrid: Ed. Librería Técnica CP67 S.A, 2000.

CAMPO BAEZA, Alberto. Luz de alabastro. Sede de la Caja General de Ahorros, Granada. Madrid: Arquitectura Viva S.L., num 79-80, 2001.

CAMPO BAEZA, Alberto y MORELL, Alberto. Nuevo Museo Mercedes Benz. Madrid: Ed. América Ibérica, Pasajes de arquitectura y crítica. num. 40, 2002.

CARRANZA, Tomás. Entre Catedrales. Madrid: revista de arquitectura COAM, num. 363, 1c. (p. 10-19), 2011.

RUIZ-CABRERO, Gabriel. Alberto Campo Baeza. Duro y dorado. Madrid: revista de arquitectura COAM, num. 327 (p. 2-13), 2002.

CÁNOVAS & MARURI & AMANN

AMANN, Atxu, CÁNOVAS, Andrés, MARURI, Nicolás y LEJARRAGA, Martín. Torre ascensor y oficinas en Cartagena. Madrid: Ed. América Ibérica, Pasajes de arquitectura y crítica. num. 63, 2004.

GARCÍA MILLÁN, Juan. Amann, Cánovas y Maruri. Sentido (común) y sensibilidad. Madrid: Fundación COAM, num. 333, 2003.

HERNÁNDEZ DE LEÓN, Juan Miguel. Amann, Cánovas, Maruri. Madrid: Ed. América Ibérica, Habitar Combinatorio Pasajes de arquitectura y crítica, num. 57, 2004.

CAPITEL, ANTÓN

CAPITEL, Antón. Cofre del tesoro, caja de caudales. Madrid: Ed. América Ibérica, Pasajes de arquitectura y crítica, num. 27, 2001.

CAPITEL, Antón. Dos Museos. Madrid: Ed. América Ibérica, Pasajes de arquitectura y crítica, num.1, 1998.

CAPITEL, Antón. Diverso y continuo. Madrid: revista de arquitectura COAM, num. 337 (p.11-13), 2004.

CAPITEL, Antón. Mis memorias de la Escuela de Arquitectura. http://veredes.es/blog/mis-memorias-de-la-escuela-de-arquitectura-anton-capitel/. 4 octubre de 2013.

CAPITEL, Antón. Arquitecturas Modernas. Madrid: revista de arquitectura COAM, num. 328. (p.2-19), 2002.

CAPITEL, Antón. Una luminosa y monumental escultura abstracta como mediadora entre la ciudad y el mar. Madrid: Ed. América Ibérica, Pasajes de arquitectura y crítica, num. 13, 2000.

Carnicero & Villa & Vírseda

CARNICERO, Iñaqui, VÍRSEDA, Alejandro y CÁMARA, Miguel. Edificio politécnico C.E.U. Madrid: Ed. América Ibérica, revista de arquitectura COAM, num.326, 2001.

CARNICERO, Iñaqui y FERNÁNDEZ ELORZA, Héctor. Los secretos de Ragusa. Madrid: revista de arquitectura COAM, num. 359, 1t., (p.114-119), 2010.

Carvajal, Javier

BESTARD, Rita. Álvarez-Sala Walter, Carlos Rubio Carvajal, César Ruiz-Larrea Cangas: proyectos y obras. Madrid: Ed. Munilla-Lería, 2000.

CARVAJAL FERRER, Javier. Carvajal arquitecto. Madrid: Fundación COAM, 1991.

CARVAJAL FERRER, Javier. Javier Carvajal. Almería: Colegio Oficial de Arquitectos de Almería, 1991.

CARVAJAL FERRER, Javier. La huella de un maestro. Navarra: Ed. T6 Ediciones, 2010.

CHUECA GOITIA, FERNANDO

CHUECA GOITIA, Fernando. Historia de la arquitectura occidental.
Madrid: Ed. Dossat, 1979.

CHUECA GOITIA, Fernando. Invariantes castizos de la arquitectura española. Buenos Aires: Ed. Dossat S.A., 1979.

CSCAE. Fernando Chueca Goitia. Medalla de oro de la Arquitectura 1998.
num. 154. Madrid: CSCAE, D.L. 2000.

CHURTICHAGA & DE LA CUADRA–SALCEDO

CHURTICHAGA, Jose María. Hedonismo Castrense. Madrid: revista de
arquitectura COAM, num.356, 2t., (p.14-20), 2009.

CHURTICHAGA, José María y LLANOS, Mª Eugenia. Villanueva de la
Cañada, historia de una reconstrucción. Ayuntamiento de Villanueva
de la Cañada, Concejalía de Cultura: Madritel auna, 2001.

CORRALES, JOSÉ ANTONIO

CORRALES GUTIÉRREZ, José Antonio. Corrales y Molezún: arquitectura.
Madrid: Ed. Xarait, 1983.

CORRALES, José Antonio. Grupo de viviendas subvencionadas en el
Barrio de Elviña. Madrid: revista de arquitectura COAM, num. 357, 3t.
(p. 36-43), 2009.

CORRALES GUTIÉRREZ, José Antonio. José Antonio Corrales, Ramón
Vázquez Molezún: pabellón español en la Exposición Universal de
Bruselas. Expo: 1958: instalación en la Casa de Campo, Madrid.
Madrid: Ed. Rueda, 2004.

CORRALES GUTIÉRREZ, José Antonio. José Antonio Corrales: Premio
Nacional de Arquitectura, 2001. Madrid: Ed. Ministerio de la Vivienda,
Secretaria General Técnica, Servicio de Publicaciones, 2007.

ESTEBAN MALUENDA, Ana María. España importa: la difusión de la
arquitectura extranjera (1949-1968). Siete entrevistas con Mariano

Bayón, José Antonio Corrales, Antonio Fernández Alba, Carlos Flores, Rafael Moneo, Joaquín Vaquero Turcios, Bernardo Ynzenga. Ed. Mairea, 2011.

TOBA BLANCO, Miguel. José Antonio Corrales: unidad vecinal n°3. A Coruña: Ed. COAG, 2009.

DE LAS CASAS, MANUEL

CÁNOVAS, Andrés, ESPEGEL, Carmen, de LAPUERTA, José María, MARTÍNEZ ARROYO, Carmen y PEMJEAM, Rodrigo. Colectiva en España. Siglo XX (1929- 1992). Valencia: TC Cuadernos, General de Ediciones de Arquitectura, S.L., 2013.

DE LAS CASAS, Manuel. Alojamientos: de Barcelona a Tenerife: casos urbanos. Madrid: Arquitectura Viva, 1996.

DE LAS CASAS, Manuel. Biblioteca pública de Valladolid. Almería: Colegio Oficial de Arquitectos de Almería, 1991.

DE LAS CASAS, Manuel. Madrid Capital. Madrid: Arquitectura Viva, 1986.

FISAC, MIGUEL

AA.VV. Miguel Fisac. Formas de arquitectura y arte. Ciudad Real: Colegio de Arquitectos de Ciudad Real, num. 13, 1t., 2006.

ARQUES SOLER, Francisco. Miguel Fisac. Colección Arquitecturas-Estudio n°1. Madrid: Ed. Pronaos S.A, 1996.

FISAC, Miguel. La Arquitectura de Miguel Fisac. Obras en Madrid. Madrid: Ed. Pronaos, S.A, 1996.

FRESNEDA & SANJUAN

FRESNEDA, Javier y SANJUAN, Javier. Ampliación de la Facultad de Farmacia. Madrid: Ed. América Ibérica, Pasajes de arquitectura y crítica. num. 74, 2006.

García Abril, Antón

AA.VV. Antón García–Abril & Ensamble Studio. Monoespacios ea!.
Madrid: Fundación COAM, 1ª edición: noviembre de 2005.

García de Paredes, José María

GARCÍA DE PAREDES, José María. J.M. García de Paredes arquitecto
1924-1990. Madrid: Fundación COAM,1992.

García Grinda & Díaz Moreno

DÍAZ MORENO, Cristina y GARCÍA GRINDA, Efrén. Europan 6. Viviendas en Jyväskylä. Madrid: El Croquis editorial, num. 106-107, 2001.

Gazapo & Lapayese

GAZAPO DE AGUILERA, Darío. El land art y la arquitectura: una nueva
definición de Land Art. Madrid: Ed. D.I. Gazapo de Aguilera, 1991.

GAZAPO DE AGUILERA, Darío y LAPAYESE LUQUE, Concha. Oteiza
y la Arquitectura: múltiple reflejo. Villalba-Atarrabia: Ed. Pamiela,
1996.

GAZAPO DE AGUILERA, Darío y LAPAYESE LUQUE, Concha. Paisajes
industriales. Paisajes desprogramados. Madrid: Revista de Arquitectura COAM, num. 355, 1t., (p.119-125), 2009.

Higueras, Fernando

HIGUERAS, Fernando. Fernando Higueras. Bilbao: Ed. Xarait, edición a
cargo de Lola Boita, 1987.

HIGUERAS, Fernando. Patronato de Casa Militares, Madrid. España.
1975. Madrid: Revista de Arquitectura COAM, num. 356, 2t, 2009.

Hurtado de Mendoza & Jiménez de Tejada

AA.VV. 12 Concursos de Arquitectura. Empresa Municipal de Vivienda y Suelo. Madrid: Área de Gobierno de Urbanismo, Vivienda e Infraestructuras, Ayuntamiento de Madrid, vol.5, 2003-2004.

AA.VV. ABIERTO. 36x3 minutos de arquitectura. Madrid: Fundación COAM, Ediciones de arquitectura, Mayo 2007.

Junquera Pérez Pita Arquitectos

AA.VV. Junquera Pérez Pita Arquitectos 1969-1999. Madrid: Fundación COAM, 2002.

JUNQUERA, Jerónimo. Vivienda Unifamiliar en Villanueva de la Vera. Madrid: Revista de arquitectura COAM, num.364, 3c., (p.78-82), 2011.

Lamela, Antonio

CARVAJAL FERRER, Javier. Lamela, urbanística y arquitectura, realizaciones y proyectos 1954-1992. Bilbao: Xarait Ediciones, edición a cargo de Elida Margitic, Carlos Lamela y Antonio Lamela, 1993.

MARGITIC, Elida y LAMELA, Carlos y Antonio. Lamela. Urbanística y arquitectura. 1954-1992. Bilbao: Ed. Xarait, 1993.

LAMELA, Antonio. Cosmoismo y Geoismo. Madrid: Ed. Nacional, 1976.

LAMELA, Carlos. (Dirección de autoría y proyecto). Exposición Lamela 1954-2005. Ministerio de Vivienda. Madrid: Tanais Ediciones, S.A, 2005.

Linazasoro, José Ignacio

GARCÍA DEL MONTE, Jose Mª. Jose Ignacio Linazasoro. Centro cultural en Lavapiés. Madrid: Fundación COAM, num.338, 2004.

LINAZASORO, José Ignacio. Biblioteca y Aulario en las antiguas Escuelas Pías. Madrid: Revista de arquitectura COAM, num. 357, 3t, (p.8-15), 2009.

LINAZASORO, José Ignacio. Evocando la Ruina: Sombras y Texturas: Centro Cultural en Lavapiés. Madrid: Ed. Autor-Editor, 2004.

LINAZASORO, José Ignacio. Los Túmulos de Uppsala. Iglesia de San Pedro en Kipplan. Madrid: Revista de arquitectura COAM, num. 354, 4t, (p.51-59), 2008.

LINAZASORO, José Ignacio. Progettare e costruire. Casa dell' architettura onlus, 2007.

LLEÓ, BLANCA

LLEÓ, Blanca y MVRDV. 156 viviendas de VPT en Sanchinarro. Madrid: Fundación COAM, num.328, 2002.

LLEÓ, Blanca y MVRDV. Edificio de viviendas para la EMV. Madrid: Fundación COAM, num.340, 2005.

LÓPEZ PELÁEZ, JOSÉ MANUEL

LÓPEZ-PELAEZ, José Manuel. Asplund en los tribunales de Gotemburgo. Madrid: Revista de arquitectura COAM, num. 355, 1t, 2009.

LÓPEZ–PELÁEZ, José Manuel. La arquitectura de Gunnar Asplund. Barcelona: Fundación Caja de arquitectos, 2002.

MARTÍNEZ SANTA-MARÍA, LUIS

MARTINEZ SANTA-MARÍA. Luis. Abajo. Madrid: Revista de arquitectura COAM, num. 356, 2t, (p.116-122), 2009.

MARTÍNEZ SANTA MARÍA, Luis. El árbol, el camino, el estanque, ante la casa. Madrid: Ed. Fundación Caja de Arquitectos, 2004.

MARTÍNEZ SANTA MARÍA, Luis. El libro de los cuartos. Madrid: Ed. Lampreave, 2011.

MARTÍNEZ SANTA MARÍA, Luis. Intersecciones. Madrid: Ed. Rueda, 2005.

BALADRÓN CARRIZO, Alfredo, BARTOLOMÉ GUIJARRO, Mª Paz, MAGRO DE LA PLAZA, Pedro, NAVARRO DE LA FLOR, Virginia y PRIETO ARÉVALO, Rafael. Viviendas de Protección Pública en Mocejón. Madrid: Revista de arquitectura COAM, num. 359, 1t., (p.23-30), 2010.

Matos & Martínez Castillo

MATOS, Beatriz y MARTÍNEZ CASTILLO, Alberto. 68 viviendas de proteción pública en la calle Rafael Finat, 56. Madrid: CSCAE, revista Arquitectos, Vivienda social, num.168, 2003.

FERRATER, Carlos y FRANCO, Arturo. Matos-Castillo. Monoespacios. Madrid: Ed. Fundación COAM, 1ª edición, Febrero de 2007.

Mendaro Corsini, Ignacio

MENDARO CORSINI, Ignacio. Archivo Municipal de Toledo y Centro Cultural Templo de San Marcos. Toledo: Ed. Colegio de Arquitectos de Castilla La Mancha, Demarcación de Toledo, 2008.

DE ISASI, Ignacio, MENDARO, Ignacio y GUTIÉRREZ, Blanca Rosa. Depósito de agua. Madrid: Revista de arquitectura COAM, num. 363, 2c. (p. 88-89), 2011.

Miranda, Antonio

MIRANDA, Antonio. Arquitectura y Verdad. Madrid: Ed. Cátedra, 2013.

MIRANDA, Antonio. La insistente geometría de la desigualdad. Madrid: Revista de Arquitectura COAM, num. 354, 4t, (p.100-109), 2008.

MIRANDA, Antonio. Ni bufón ni robot. Manual para la crítica de arquitectura. Madrid: Ed. Cátedra, 1999.

Extracto de la conversación mantenida entre Antonio Miranda (1942) y Arturo Franco en el Círculo de Bellas Artes de Madrid el 5 de febrero de 2004. Documento grabado y transcrito.

Moneo, Rafael

AA.VV. Rafael Moneo 1967-2004. Antología de urgencia. Madrid: El Croquis editorial, edición conjunta (ampliada y revisada de los números 20+60+98), 2004.

MATA DE ANTONIO, José María y MONEO, Rafael. Nuevo hospital materno-infantil Gregorio Marañón. Madrid: Revista de arquitectura COAM, num. 332, (p.2-9), 2003.

MONEO, Rafael. Catedral de Nuestra Señora de los Ángeles. Madrid: El Croquis editorial, num.91,1998.

MONEO, Rafael. Macizo terroso. Fundación Beulas, Huesca. Aragón Ahora. Madrid: Arquitectura Viva S.L., num.99, 2004.

MONEO, Rafael. Museo de Arte Moderno de Estocolmo. Madrid: El Croquis editorial, num. 91, 1998.

Navarro Baldeweg, Juan Navarro

NAVARRO BALDEWEG, Juan. La mesa. Madrid: Revista de Arquitectura COAM, num. 364, (p.62-63), 2011.

NAVARRO BALDEWEG, Juan. Navarro Baldeweg. Madrid: Ed. Tanais Ediciones, S.A., 2001.

NAVARRO BALDEWEG, Juan. Rehabilitación del molino de Martos y Balcón del Guadalquivir: Córdoba. Monográfico. Almería: Colegio de Arquitectos de Almería, 2004.

NAVARRO BALDEWEG, Juan. Teatros del Canal. Madrid: Ed. América Ibérica, revista de arquitectura COAM, num. 326, 2001.

NAVARRO BALDEWEG, Juan. Tectónica geológica. Museo de Altamira, Santillana del Mar. Madrid: Arquitectura Viva S.L., num. 77, 2001.

Nieto & Sobejano

NIETO, Fuensanta y SOBEJANO, Enrique. Centro Deportivo Montecarmelo. Madrid: Revista de Arquitectura COAM, num. 358 (p.9-13), 2009.

NIETO, Fuensanta y SOBEJANO, Enrique. Desplazamientos. Madrid:
Ed. Rueda, S.L., 2002.

AA.VV.. The Intermittent Proyecto (Fiction and Invention). Palacio de
Congresos y exposiciones de Mérida. Madrid: El Croquis editorial,
num.119, (p. 266-301), 2004.

OCAÑA, MANUEL

GARCÍA-HERRERA, Adela y OCAÑA, Manuel. Manuel Ocaña: Riskybu-
siness. Madrid: Fundación COAM-EA, ediciones de arquitectura,
Colección Excepto 18, 1ª ed, 2008.

MÁRQUEZ CECILIA, Fernando y LEVENE, Richard. Sistemas de
trabajo=Work system. Madrid: El Croquis editorial, num 119, 2007.

PAREDES & PEDROSA

GARCÍA PEDROSA, Ignacio y GARCÍA DE PAREDES, Ángela. Centro
de Congresos de Murcia. Madrid: Fundación COAM, num. 328, 2002.

GARCÍA PEDROSA, Ignacio y GARCÍA DE PAREDES, Ángela. Palacio
de Congresos en Peñíscola. Madrid: Fundación COAM, num. 328,
2002.

GARCÍA PEDROSA, Ignacio y GARCÍA DE PAREDES, Ángela. Teatro
Olimpia en Lavapiés. Madrid: Fundación COAM, num. 328, 2002.

PENJEAM & ARROYO

AA.VV. Obra reciente. Ciclo 2000-2002. Catálogo de exposiciones.
Madrid: Fundación COAM, 2002.

DARNIE, David. Arquitectura en piedra. Barcelona: Ed. Blume, 2003.

ATIENZA, Gracia, CURSACH, Margarita y GÓMEZ PARDO, Mª Luisa. 6ª
Muestra de arquitectos jóvenes españoles: 2000. Madrid: Ed. Fundación Camuñas, 2000.

PICADO & DE BLAS

DE BLAS, María José y PICADO, Rubén (Coord.). Obra en 3 actos. Teatro auditorio de San Lorenzo de El Escorial. Madrid: Ed. Rueda S.L., 2006.

DE BLAS, María José, DELGADO, Enrique y PICADO, Rubén. Teatro de San Lorenzo de el Escorial. Madrid: Ed. América Ibérica, revista de arquitectura COAM, num. 326, 2001.

Excepto 16. Picado-de Blas. Geometría, escala y color. Madrid: Fundación COAM, Ed. ea! Ediciones de arquitectura, Octubre 2007.

GARCÍA MILLÁN, Juan. Auditorio en San Lorenzo de El Escorial: Rubén Picado, María José de Blas y Enrique Delgado. Madrid: Revista de Arquitectura COAM, num.354, 4t (p.16-23), 2008.

PRADA POOLE, JOSÉ MIGUEL

PRADA POOLE, José Miguel de. ¿Arquitectura 'plástica'?. Madrid: Tectónica, ATC Ediciones, 2005.

PRADA POOLE, José Miguel de. Casa de los Picos. París: Architectured'aujourd'hui, 1970.

PRADA POOLE, José Miguel de. José Miguel de Prada Poole Arquitectura. Madrid: Fundación COAM, num.161, 1972.

REVILLO & FRAILE

AA.VV. María Fraile/ Javier Revillo. Monoespacios 1. Madrid: Fundación COAM, 1ª edición, diciembre de 2004.

REVILLO, Javier y FRAILE, María. Recinto ferial de Zamora. Madrid: El Croquis editorial, num. 81-82, 1996.

RIBOT & NÚÑEZ

AAVV. La Casa Asequible. Prefabricadas o elementales. Nuñez y Ribot, España. Madrid: Arquitectura Viva, num.122, (p.42), 2008.

AAVV. Núñez Ribot Arquitectos. Escuela infantil "El Tossalet". Madrid: Revista de Arquitectura COAM, num.344, (p. 68-71), 2006.

AAVV. Una ecuación diferencial. Barcelona: BAU 020. Revista de Arquitectura, Urbanismo, Arte y Diseño, Actar, num 020, (p.40-45), 2001.

RIBOT, Almudena. Desviaciones. Madrid: Ed. Fisuras, num. 15, 2009.

RUEDA & PIZARRO

PIZARRO, María José. Suite en tres Movimientos. Sancho/Madridejos. Madrid: Ed. Rueda, 2001.

PIZARRO, María José. Dos relatos visuales sobre el PAU de Carabanchel. Madrid: Revista de Arquitectura COAM, num. 356, 2t, (p. 86-101), 2009.

RUEDA, Óscar y PIZARRO, María José. Housing Projects. Madrid: Ed. Rueda, 2003.

RUIZ–LARREA, CÉSAR

RUIZ-LARREA, César. Hemiciclo solar: la energía como material del proyecto de arquitectura. Ed. Fatecsa Obras, 2009.

ROJO DE CASTRO, LUIS

ROJO de CASTRO, Luis. Luis Moreno Mansilla y Emilio Tuñón. Centro de Natación en San Fernando de Henares, Madrid. Madrid: ATC ediciones, Téctonica, Vidrio, num. 10, 1991.

SAÉNZ DE OIZA, FRANCISCO JAVIER

AA.VV.: Banco de Bilbao. Madrid: Departamento de Proyectos ETSAM, 2000.

SÁENZ DE OIZA, Francisco Javier. Escritos y conversaciones. Barcelona: Fundación Caja de Arquitectos, Colección Cimbra, num. 3, 2006.

SANCHO & MADRIDEJOS

SANCHO, Juan Carlos y MADRIDEJOS, Sol. Ayuntamiento y Centro Cívico de San Fernando de Henares. Madrid: El Croquis editorial, num 96.97, 1999.

SANCHO, Juan Carlos y MADRIDEJOS, Sol. Pabellón docente de la Arrixaca. Madrid: El Croquis editorial, num.106-107, 2000.

SANCHO, Juan Carlos y MADRIDEJOS, Sol. Suite en 3 movimientos. Sancho/Madridejos Suite. Madrid: Ed. Rueda, S.L. 2001.

SAMBRICIO, CARLOS

SAMBRICIO, Carlos. Un siglo de vivienda social (1903-2003). Madrid: Ministerio de Fomento de Madrid, 2003.

SORIANO & PALACIOS

SORIANO, Fedrico y PALACIOS, Dolores. Soriano-Palacios: Es pequeño, llueve dentro y hay hormigas. Barcelona: Ed. Actar, 2000.

SORIANO, Federico y PALACIOS, Dolores. Palacio Euskalduna de Bilbao. Madrid: El Croquis editorial, num. 96-97, 1999.

TUÑÓN & MANSILLA

MORENO MANSILLA, Luis. Apuntes de viaje al interior del tiempo. Barcelona: Fundación Caja de Arquitectos, Colección Arquíthesis num. 10, 2002.

MORENO MANSILLA, Luis y TUÑÓN, Emilio. Archivo y biblioteca regional de la Comunidad de Madrid. Madrid: Fundación COAM, num. 330, 2002.

MORENO MANSILLA, Luis y TUÑÓN, Emilio. El rostro de lo colectivo. Madrid: Ed. América Ibérica, Pasajes de arquitectura y crítica. num. 66, 2005.

MORENO MANSILLA, Luis y TUÑÓN, Emilio. La caja de la cascada. Museo de Bellas Artes, Castellón. Mil Museos. Madrid: Arquitectura Viva S.L., num. 77, 2000.

MORENO MANSILLA, Luis y TUÑÓN, Emilio. Museo de Bellas Artes de Castellón.Madrid: América Ibérica, revista de arquitectura COAM, num. 323, 2000.

MORENO MANSILLA, Luis y TUÑÓN, Emilio. Museo de Bellas Artes de Castellón. Madrid: Ed. América Ibérica, Pasajes de arquitectura y crítica, num. 27, (p.17-22), 2001.

MORENO MANSILLA, Luis y TUÑÓN, Emilio. Museo de Arte Contemporáneo de Castilla y León MUSAC. Madrid: Fundación COAM, num. 338, 2004.

MORENO MANSILLA, Luis y TUÑÓN, Emilio. Museo de las Colecciones Reales. Madrid: Revista de arquitectura COAM, num. 363, 2c. (p.60-71), 2011.

TUÑÓN, Emilio y MORENO MANSILLA, Luis. Museo de Arqueología y Bellas Artes de Zamora. Arquitectura española 1996. Madrid: El Croquis editorial, num. 81-82, 1996.

TUÑÓN, Emilio y MORENO MANSILLA, Luis. Acuerdos y desacuerdos. Cuatro proyectos y una reflexión. Arquitectura española 1996. Madrid: El Croquis editorial, num. 81-82, 1996.

TUÑÓN, Emilio. Construir un lugar. Madrid: Ed. América Ibérica, Pasajes de arquitectura y crítica, num. 13, 2000.

VICENS & RAMOS

AA.VV. VICENS+RAMOS. Pamplona: Ed. Arquitecturas de Autor, Escuela Técnica Superior de Arquitectura, Universidad de Navarra, num. 46, 2009.

GÍMENEZ, Antonio. Vicens + Ramos: veinte años. Alboraya, España: Ed. Pencil, 2007.

VICENS Y HUALDE, Ignacio. Dicho y hecho. Buenos Aires: Ed. Nobuko, 2012.

VICENS Y HUALDE, Ignacio. VICENS+RAMOS. Navarra: Ed. T6 Ediciones, 2010.

3. REFERENCIAS GENÉRICAS

ARISTÓTELES. Física. Trad. y notas de Guillermo R. De Echandía. Planeta de Agostini. Madrid: Ed. Gredos, 1995.

BERTOLT, Brecht. El compromiso en literatura y arte. Ed. Península, 2004.

BO BARDI, L. Lina Bo Bardi. Obra Construida. Barcelona: Ed. Gustavo Gili, 2002.

BOUDET, Dominique. Site de Création Contemporaine, Palais de Tokyo en París. Viena: Architektur Aktuell n°4, (p.56-67),2002.

BUKOWSKI, Charles. 20 poemas. Barcelona: Ed. Mondadori, 1998.

CAMUS, Albert. El mito de Sísifo. Buenos Aires: Ed. Losada, 2007.

DAMASIO, Antonio. En busca de Spinoza. Neurobiología de la emoción y los sentimientos. Ed. Crítica S.L, 2003.

FERNANDEZ ALBA, Antonio y TZONIS, Alexander. El clasicismo en arquitectura: la poética del orden. Madrid: Ed. Blume, 1984.

FERNÁNDEZ–GALIANO, Luis. Deconstrucción en el MoMA. De la repostería a la papiroflexia. Madrid: Arquitectura Viva, num.1, (p.5), junio 1988.

FERRATER MORA, José. Diccionario de filosofía. Barcelona: Ed. Círculo de lectores. 1991.

FLAUBERT, Gustave. Cartas a Louise Colet. Madrid: Ed. Siruela, 2003.

FULLAONDO, Juan Daniel. Arte, Arquitectura y todo lo demás. Madrid: Ed. Alfaguara, 1972.

HERE, Pere, MONTANER, Josep María, OLIVERAS, Jordi. Textos de arquitectura de la modernidad. Gottfried Semper: Ciencia, industria y arte. Madrid: Ed. Nerea S.A., cap.4, 1994.

QUETGLAS, Josep. Jorge Oteiza, Oda Olímpica a Barcelona. Quaderns d'Arquitectura i Urbanisme, num.25, (p. 136-138), 2006.

KOMENDANT, August. 18 años con el arquitecto Louis I. Kahn. Santiago de Compostela: COAG, Colegio Oficial de Arquitectos de Galicia, Santiago de Compostela, 2000.

LACATON, Anne, BILIC, Ante Niksa, BRADIC, Sasa, GRIMMER, Vera. Anne Lacaton. We don't much believe in form. Zagreb: Oris, num. 24, (p.108-131), 2003.

LAUGIER, Marc–Antonie. Ensayo sobre la arquitectura. Ed. Akal, Colección Fuentes de Arte, 1999.

LERNER, Jaime. Acupuntura Urbana. Río de Janeiro: Ed. Record, 2003.

LIPOVETSKY, Gilles. El crepúsculo del deber: la ética indolora de los nuevos tiempos democráticos. Barcelona: Ed. Anagrama S.A., 2005.

MODEL, Lisette. Lisette Model: 23 septiembre 2009-10 enero 2010:[exposición]. Madrid: Fundación MAPFRE, Colección LA, 2010.

MONTANER, Josep María y OLIVERAS, Jordi. Textos de arquitectura de la modernidad.Madrid: Ed. Nerea, 1994.

MORA, Francisco. Los laberintos del placer en el cerebro humano. Alianza Editorial,2006.

MORAL, Andrés. Fernando Oteiza. Arquitectura desocupada. De Orio a Montevideo. Pamplona: Cátedra Jorge Oteiza, 2009.

MURO, Carles. Hacia una arquitectura potencial. Madrid: Revista CIRCO, n° 97, 2002.

OCHOTORENA, Juan Miguel y POZO, José Manuel. Ortiz–Echagüe, Barbero y de la Joya. Comedores de la SEAT. Pamplona: T6 Ediciones, Escuela Técnica Superior de Arquitectura, Universidad de Navarra, 1999.

OZANAM, Jacques. Recreations Mathematiques et Physiques. Ed. Grandin, 1778.

PÉREZ, Antonio. Catálogo Fundación Antonio Pérez. Cuenca: Diputación de Cuenca, 1998.

RUBERT DE VENTÓS, Xavier. Filosofía de andar por casa. México D.F.: Ed. Sexto Piso, 2009.

RUBIA, Francisco J. Esplendores y miserias del cerebro. Ed. Fundación Banco Santander, 2004.

SÁENZ DE OIZA, Francisco Javier. Escritos y conversaciones. Barcelona: Fundación Caja de Arquitectos, 2006.

SÁNCHEZ LLORENS, M. Objetos y acciones colectivas de Lina Bo Bardi, [Tesis Doctoral]. Madrid: ETSAM, UPM, 2010.

SANS, J. en DEMIN, A.Il Palazzo dil Poppolo. Milán: Domus, n° 847, 2002.

SÉNECA, Lucio Aneo. Sobre la felicidad. Madrid: Alianza Editorial, 2004.

SENNETT, Richard. El Artesano. Barcelona: Ed. Anagrama, 2009.

STEIBECK, John. Diario de una novela: las cartas de al este del Edén. Madrid: Bartleby editores, 2008.

VV.AA. Hablan los escritores. Barcelona: Kairós literatura, 1981.

ZUMTHOR, Peter. Pensar la arquitectura. Barcelona: Gustavo Gilli, 2004.